儒家文化与民族复兴

陈来

中华书局

图书在版编目(CIP)数据

儒家文化与民族复兴/陈来著. —北京:中华书局,2020.7
ISBN 978-7-101-14498-7

Ⅰ.儒… Ⅱ.陈… Ⅲ.儒家-传统文化-研究 Ⅳ.B222.05

中国版本图书馆 CIP 数据核字(2020)第 060254 号

| | | |
|---|---|---|
| 书　　名 | 儒家文化与民族复兴 | |
| 著　　者 | 陈　来 | |
| 编 选 者 | 焦雅君 | |
| 责任编辑 | 焦雅君 | |
| 出版发行 | 中华书局 | |
| | (北京市丰台区太平桥西里 38 号　100073) | |
| | http://www.zhbc.com.cn | |
| | E-mail:zhbc@zhbc.com.cn | |
| 印　　刷 | 北京市白帆印务有限公司 | |
| 版　　次 | 2020 年 7 月北京第 1 版 | |
| | 2020 年 7 月北京第 1 次印刷 | |
| 规　　格 | 开本/880×1230 毫米　1/32 | |
| | 印张 9　字数 368 千字 | |
| 印　　数 | 1-6000 册 | |
| 国际书号 | ISBN 978-7-101-14498-7 | |
| 定　　价 | 45.00 元 | |

# 目　录

代序　儒家的时代使命

## I　国学、儒学再认识

儒家思想强调社会和谐，是比较重视公平和平等的。我们认为平等比富有更重要，这是中国社会的价值观……

## II 从国学中汲取精神力量

儒学对现代化的作用主要不是工具意义上的助推,而是坚持倡导与现代化市场经济相补充、相制约的伦理价值和世界观……

## III　儒家文化的时代价值：陈来访谈录

在全球化的第一阶段，文化的变迁具有西方化的特征，那么在其第二阶段，则可能是使西方回到西方，使西方文化处于与东方文化相同的、相对化的地位……

# 代序　儒家的时代使命

　　儒学是中华传统文化的重要组成部分，中华民族的伟大复兴必然迎来儒学的繁荣发展。沿袭 20 世纪抗战期间儒家思想的理论建构，我们应积极面对时代和社会的挑战。

　　随着时代的发展，重新开拓出辩证吸收西方文化，发扬中华民族精神的儒家哲学，并从儒家立场来解决人类面临的普遍性问题。

## 民族复兴与儒学的现代建构

　　谈到儒学的时代使命，不能不从 20 世纪儒家哲学在发展期对历史使命的认识说起。

　　近代以来中国遇到的挑战，从一定意义上说，是近代西方文化挑战中国社会和文化。儒家的回应也是对这一宏观文化挑战的回应。20 世纪 30—40 年代，儒家的回应是熊十力、梁漱溟、马一浮、冯友兰等人的哲学体系的出现。这些哲学体系不是对某个西方文化思潮的回应，而是对近代西方文化冲击和挑战的回应。同时，它们又是这个时期民族复兴意识高涨的产物。中华民族复兴意识的普遍高涨，成为这一时期儒家哲学的根本支撑。换言之，没有这一时期旺盛的民族复兴意识，就不可能有儒家哲学的现代构建。

在儒家哲学的这一发展期，熊十力坚持孟子的本心的哲学思想，依据《大易》的原理，提出本心是一个绝对的实体。这个实体是宇宙的实体，故同时创立了"翕辟成变"的宇宙论，因而他的哲学体系是一个注重宇宙论建构的哲学体系。马一浮把传统的经学、理学综合成一体，认为一切道术（也就是我们今天所说的各种学科）统摄于六艺。他所讲的六艺就是六经，故他的哲学体系是一个注重经典学重建的哲学体系。冯友兰继承程朱理学对理的世界的强调，通过吸收西方的新实在论，在哲学中建立起一个理的世界，并以此作为儒家哲学形上学的一个重要部分，所以冯友兰的哲学体系注重形上学的建构。梁漱溟早年研究东西方文化论，后来又不断建构新的哲学。20世纪40—70年代，他一直在努力完成《人心与人生》一书。梁漱溟主张心理学是伦理学的基础，所以他的哲学体系是注重以心理学为基础的哲学体系。贺麟则强调"以儒家思想为体，以西方文化为用"，或者说"以民族精神为体，以西洋文化为用"，对儒学复兴进行了系统设计。

上述现代儒家哲学家（也称新儒家）的工作表明，这个时期建构性的、新的儒学出现了。新儒学对时代的回应，基本上采取的是哲学的方式。也就是说，这是一个以"哲学的回应"为儒学主要存在方式的时代。这些重要哲学思想体系的阐发乃至建构，都与抗日战争带来的民族复兴意识高涨有直接关系：由于那是一个民族复兴意识高涨的时代，所以民族文化与民族哲学的重建也得到了很大发展。贺麟在当时表达了这种文化自觉，他在《儒家思想的新开展》一文中指出："中国当前的时代，是一个民族复兴的时代。民族复兴不仅是争抗战的胜利，不仅是争中华民族在国际政治中的自由、独立和平等，民族复兴本质上应该是民族文化的复兴。民族文化的复兴，其主要的潮流、根本的成分就是儒家思想的复兴、儒家文化的复兴。""儒家思想的命运是与民族的前途命运、盛衰消长同一而不可分的"。

## 儒学的当代"在场"：学术儒学与文化儒学

新儒家是以哲学的方式承担起自身的时代使命的，然而儒学的时代使命并不仅限于"哲学地"回应时代。为了说明这一点，我们必须了解儒学在当代的存在特性和功能。

儒学的存在不等于儒家哲学家或儒家哲学体系的存在，不能认为有儒家哲学家，才有儒学存在，这是一种片面的看法。儒学在最基础的层面上，不仅是经典的解说，而且也是中国人的文化心理结构。在民间，在老百姓的内心里，儒学的价值持久存在着；中国人的伦理观念，今天仍然受到传统儒家伦理的深刻影响。我们把在百姓内心存在的儒学，叫作"百姓日用而不知"的、不自觉的儒学。正因为它不自觉，所以会受到不同时代环境的影响，不能顺畅表达出来，有时候甚至会被扭曲。

在百姓日用而不知的潜隐层面之外，当代儒学也有显性的"在场"。必须强调一点，在认识改革开放以来儒学的显性"在场"时，我们的儒学观念一定要改变，不能说一定要有儒家哲学家，儒学才存在，才"在场"。在当代中国，四十多年来虽然没有出现像 20 世纪 30—40 年代那样的儒学哲学家，但在这个时期，我认为有两个方面值得注意。

第一个方面是学术儒学。对传统儒学进行深入研究，把握儒学发展、演化的脉络，梳理儒学理论体系的义理结构，阐发儒家的各种思想，包括深入研究现代新儒家的思想，这套系统我称之为学术儒学。学术儒学经过四十多年的发展，已经蔚为大观，在当代中国学术界占有重要地位，产生了相当大的影响。

第二个方面是文化儒学。近四十年来，我国很多文化思潮与文化讨论跟儒学有直接关系，比如，讨论儒学与民主的关系、儒学与人权的关系、儒学与经济全球化的关系、儒学与现代化的关系、儒学与文明冲突的关系、儒学与建立和谐社会的关系等。在这些讨论中，很多学者站在儒家文化的立场来阐发儒学的积极意义，探讨儒学在现代社会发生作用的方式。他们不仅阐述了很多有价值的文化理念，而且与当代思潮进行了多方面的互动，在当代中国思想界产生了相当大的作用。这些讨论和活动，也构成了儒学的一种"在场"方式，我称之为"文化儒学"。从一定意义上说，文化儒学是儒家哲学的一种表现，是其在现代社会日常文化领域发挥批判和引导功能的表现。哲学的存在有不同的形式。尤其在当代社会，哲学应突破仅仅追求哲学体系的传统观念，更加重视对社会文化和日常生活的引导，这一点也适用于儒学与儒家哲学。

我们绝不能说这四十多年来没有出现儒家哲学大家，儒学就是一片空白。除了潜隐的存在形式以外，我们还需理解更为多样的儒学存在形式，所以我用学术儒学和文化儒学来概括和表达这个时代的儒学"在场"。事实上，在这个社会文化转型的时代，与出现几个抽象的哲学体系相比，学术儒学和文化儒学对社会文化与社会思想所起的作用可能更大、更深入，同时它们也构成了儒学未来发展的基础。

## 对儒学未来发展的展望

进入 21 世纪，儒学复兴面临第二次重大历史机遇。如前所述，百年来儒学发展的第一次重大历史机遇出现在抗日战争时期，这是一个民族文化意识、民族复兴意识高涨的时期。当前，随着我国现代化进程的深入和发展，人们的民族文化自信和文化自觉进一步增强，中华民族的伟大复兴和中华文化的伟大复兴呈现前所未有的光明前景。在这样一个大背景下，儒学复兴的第二次重大历史机遇到来了。儒学如何抓住这次机遇，儒学研究者如何参与这次儒学复兴，这是重大的时代课题。在我看来，除了前面说到的学术儒学与文化儒学应继续努力发展之外，至少还有几个方面的理论课题应受到重视：如重构民族精神，确立道德价值，奠定伦理秩序，打造共同的价值观，增强民族的凝聚力，进一步提升我们的精神文明，等等。这些方面都是儒学复兴要参与的重要思想理论工作。儒学只有自觉参与中华民族的伟大复兴，与国家和民族发展的时代使命相结合，与社会文化发展的需要相结合，才能开辟广阔的发展前景。

在以上这些重要工作之外，还有一项中心工作应予以关注，即儒家哲学系统的重建与发展。随着我国现代化的进一步发展，新的儒家哲学应当出现，也必然会出现，它将是中华文化继往开来的见证，而且新的儒家哲学将是丰富多彩的。新的儒家哲学将在传统儒学与现代新儒学的基础上，在学术儒学、文化儒学的配合下，随着中华文化走向复兴，逐渐走向世界。经历了20世纪80年代的文化热和文化大讨论，经历了20世纪90年代后期开始并延续至今的国学热的积累，伴随着中华民族和中华文化的复兴进程，新的儒家哲学的登场指日可待。

# I

## 国学、儒学再认识

儒家思想强调社会和谐，是比较重视公平和平等的。我们认为平等比富有更重要，这是中国社会的价值观……

# 百年来儒学的发展和起伏

20世纪的儒学发展这个题目中"发展"这个词，容易给人这样一种印象——儒学的发展是一帆风顺的。其实如果我们回顾一下就知道，儒学的发展是充满危机的，曾一度陷入困境，它经历了复杂的过程。

## 冲击和挑战

我想讲的第一个大问题是冲击和挑战，就是要看看近百年的儒学是在什么样的背景下，在什么样的文化环境中，面对怎样的挑战和冲突，在怎样的情境中成长、发展的。

20世纪中国儒学的发展经历了四次挑战。第一次是清末到民初的政教改革。我们知道，1901年清政府发布了《兴学诏书》，倡导全国建立新式学堂，这在当时是很重要的举措。在清政府的倡导下，老的"儒学"慢慢衰微了，这里讲的老的"儒学"，是指当时的一种学校，就是培养儒生、进入科举体制的儒学学校。

全国大办新型学堂这个举措是对科举制度一个很明确的挑战。到 1905 年，更重要的事件就是清政府决定结束科举制度。科举制度对儒家的生存来讲是很重要的一个因素。可以说，在前现代的中国社会，儒家思想和文化能够得以生存有三个重要的基础：第一个基础是国家、王朝宣布它为意识形态，正式确定儒家的经典是国家的经典，这是很重要的。第二是教育制度，主要是科举制度，科举制度规定了儒家经典是文官考试制度的主要科目。当然还有第三个，就是几千年来，中国社会流行的这种家族的、乡治的基层社会制度。

科举制度的废除对儒家的生存造成了重大的影响。在 1905 年以后，虽然科举制度结束了，但是清政府仍然决定在所有学校保留经学的课程；要求学校继续在孔诞日能够祭祀孔子。这点到了辛亥革命以后也改变了，辛亥革命以后，在蔡元培主掌教育部以后，就决定要废祀孔、删经学。我们一般讲的"尊孔读经"的教育，到了辛亥革命以后，也遇到了挫折。经历了这样一个过程，儒家遇到了第一次重大的冲击和挑战，第一次陷入困境，可以说这是非常重要的、触及根本性原则的一个困境。

从清末到民初，在教育制度和政治制度上，虽然儒家已经退出了中心舞台，但是儒家思想和文化仍然保留在伦理精神的领域。时隔不久，新文化运动（1915—1923 年）兴起，这就是我们讲的儒学遭遇的第二次冲击。新文化运动高扬批判、反思、启蒙的旗帜，这种启蒙就是引进近代西方文化的一种文化启蒙。

在这种启蒙里，它是把中国传统文化当作一个对立面的，特别是把儒家文化、礼教作为一个重要的、批判的对立面，这在当时是有其合理性的。当时甚至有人提出"打倒孔家店"的口号。这样一来，从清末到辛亥革命，从政治教育的舞台退出后，继续保留在伦理精神领域的儒学，遭受了第二次重大的挫折。我们也可以说，辛亥革命时对儒学的一种放逐，延续到了新文化运动，新文化运动继承了清末到民初的"放逐儒学"的运动，把儒学从伦理的、精神的领域中继续放逐出去。因此，经过了新文化运动，儒家文化的整体已经离散、飘零。那么，儒学怎样生存呢？这变成了儒家文化在近代社会变化里碰到的一个大问题。第二次冲击和挑战来自于新文化运动。

第三个重大的冲击，我想就是革命与"文化大革命"。经过了合作化、人民公社、"文化大革命"，彻底改造了旧的、以宗族为中心的乡村秩序。因此近代有些学者就说，儒家所有制度性的基础，都被斩断、拆解了，失去了这些基础以后的儒学已经变成一个游魂了。这个"游魂说"，讲的就是儒家思想赖以生存的基础，在近代文化的变革中被斩断，原来的社会基础全部被改造了。革命带来的乡村改造是非常重要的。同时，另一个很重要的事件就是"文化大革命"，随着"文化大革命"中期以后"批林批孔"运动的出现，各种对于儒家、孔子的荒诞的、政治性批判接踵而来，这可以说是对儒家文化的更大的冲击。所以，把政治革命、社会改造和文化革命放在一起，我们说这是第三次冲击和挑战。

在 20 世纪，第四次冲击就是改革开放前 20 年。如果熟悉从 1978 年以后所经历的第一个 10 年，也就是改革开放的动员期，就会知道在改革开放的社会动员时代，在 20 世纪 80 年代形成了一股启蒙思潮。这个启蒙思潮呼应了五四时代的新文化运动，也是以批判传统作为主要基调的，儒家被当作了现代化的一个对立面。到了 20 世纪 90 年代，市场经济的蓬勃发展所带来的功利主义盛行，对整个儒家以及中国文化的传统，也形成了有力的冲击。如果我们粗分，我想 20 世纪的儒家思想文化经历了四大冲击，这四次大冲击对于儒家文化的命运造成了根本性的影响。

那么大家就要问，是不是 20 世纪这 100 年，对儒家文化仅仅是冲击，而没有机遇？虽然冲击也可以当成机遇，但就历史环境来说，应该说是有一个重要的机遇期，这个机遇期就是从"九一八"事变到抗战胜利，也就是以抗日战争为主的这个时期。因为这个时候全国人民团结起来，把保卫民族和复兴文化当成第一等的事情，因此保家卫国，弘扬民族文化，成了这个时期的一个文化基调，这是一个难得的历史机遇。儒家思想也抓住了这次机遇，实现了一些发展。

## 回应和建构

我讲的第二个大问题，叫回应和建构。我们粗略地把儒学百年的历程分为四个冲击和一个机遇，也就是说百年历史可以分成五个阶段。儒家思想在 20 世纪的历程，以及面对这些冲击挑战所作的回应，也可以说是对应着这五个阶段展开的。对每个阶段，我只撷取代表性的人物或事件，并没有面面俱到，也不作系统性、学术性的论述。

第一个阶段我们第一个要说的人，就是康有为。康有为关于孔教的设想，其实在辛亥革命以前已经有了。到了辛亥革命以后，他把这个问题提到更突出的位置，他自己或通过他的学生几次提出法案，要立孔教为国教。我觉得，这个做法自有其用意所在。从《兴学诏书》到1905年教育宗旨，再到1912年蔡元培主持教育部的时候，实行政治和教育的全面改革，在打击面前，儒家已经失去它从前所依托的政治和教育的制度基础。因此，儒家需要在一个新的框架里找到它能够生存、能够发挥作用的基础。康有为想到的方案就是宗教，因为在西方近代文化的框架里面，基督教还存在，也有把基督教定为国教的例子。因此他就想在新的社会结构方式中设计一个新的制度，使儒家能够发挥作用。这就是立孔教为国教说，我们称其为康有为的"孔教论"。在第一个阶段，康有为是第一个回应的代表人物。这个回应我们也可以叫作对儒学困境的"宗教的回应"。当然这个回应可以说失败了，因为他的法案和建议都没有通过，后来的发展证明了这条路是走不通的。虽然没有成功，但是我们也可以将其看作是儒学在百年历程中回应冲击的第一个环节，是儒学在第一个阶段所做的努力。

第二个阶段当然就是新文化运动了。新文化运动到了后期，有一些新的变化，即第一次世界大战引起西方有识之士对文化进行反思，以及当时社会主义苏维埃的出现。这使当时一些优秀的、一流的知识分子也开始重新思考中国文化的问题。在这阶段出现的代表性人物就是梁漱溟。他在 20 世纪 20 年代初期就写了《东西文化及其哲学》。这本书可以说是第二次回应的代表性著作。这个回应不是"宗教的回应"，而是"文化的回应"，文化哲学的回应。他认为，虽然在当时的中国社会应当全盘承受西方文化，可是儒家文化和它的价值代表了人类最近的将来的需要。这个最近的将来，指的就是一种儒家社会主义的文化，因为他所理解的儒家已经包含了社会主义的价值，他所理解的社会主义又包含了儒家的价值。所以他说，西方文化的特长是解决人和自然界、人和物的关系，儒家文化的特长是解决人与人、人与社会的关系，比如说社会主义要解决劳资纠纷，这是和儒家一致的。

接下来我们看第三个阶段，即"九一八"事件爆发到抗战结束，这个时代出现了一组"哲学的回应"，它们是这个时期民族主义运动高涨的产物。这些哲学的回应不是对特定的某一个文化思潮的回应，而是可以看作是面对近代西方文化的冲击和挑战所作出的回应。其中的代表人物有熊十力、马一浮、冯友兰、贺麟等。熊十力的儒家哲学体系，我们可以把它叫作"新易学"；马一浮是讲六经、六艺的，所以我们也许可以把他的儒学体系叫作"新经学"；冯友兰的哲学体系当然是"新理学"，这是他自己命名的；贺麟建构的则是"新心学"。

熊十力坚持孟子所建立的本心的哲学思想，依据《大易》

的原理，把本心定义为一个绝对的、宇宙的实体，同时又构建了一套关于"翕辟成变"的宇宙论，所以他把这一理论叫作"体用不二"的宇宙论。他的哲学思想是一个注重宇宙论建构的儒学体系。

马一浮可以说是一个固守传统文化的、综合性的学者，他把传统的经学、理学综合为一体。他说，一切道术，就是我们今天所说的各种学科，统摄于六艺（六艺的一个讲法就是六经，马一浮所讲的六艺就是六经），六经、六艺又统摄于一心，这又是一种古典的、儒家的讲法。

冯友兰的哲学是新理学，这是他自己定的名称，他要继承程朱理学对理的世界的强调，通过吸收西方的新实在论，在哲学里面建立起一个理的世界，作为儒家哲学的、形上学的一个重要部分。所以我们说，冯友兰的哲学是注重形上学建构的现代儒家哲学。

至于贺麟，他公开声称自己是宗陆王之学的，他说"心为物之体，物为心之用"，讲了一套同样也是以心学为基础的儒家哲学。但是贺麟更重要的角色是他对儒学复兴做了一个设计。他复兴儒学的口号就是"以儒家思想为体，以西方文化为用"，或者说"以民族精神为体，以西洋文化为用"。

梁漱溟先生后来有许多哲学建构，特别是他从20世纪40—70年代一直在写一本书——《人心与人生》。从这本书来看，可以说，梁漱溟的哲学体系是一个注重以新理学为基础的、现代儒家哲学的一个建构。

我们以上说的这几个哲学家，熊十力、梁漱溟、马一浮、冯友兰、贺麟，他们的工作表明这个时期建构性的、新的儒学出现了。儒学对时代的回应基本上采取的是哲学的方式，也就是说我们在这个阶段所看到的，是以"哲学的回应"作为儒家存在的主要方式。这个时代正好是我们所说的百年儒学难得的一次历史机遇。所有上述这些重要的思想体系的准备、阐发都是在这个时期，这是一个民族救亡意识高涨的时期，所以民族文化的重建也得到很大的发展。

　　第四个阶段当然就是革命和"文化大革命"阶段。我们不能说这个时代就没有儒学，如果我们看 20 世纪 50—70 年代熊十力等这几位思想家的变化，就可以看出，这是现代儒学调适的阶段，就是结合吸收社会主义思想的阶段。所以熊十力在 20 世纪 50 年代初期写的《原儒》中，就提出要废私有制，荡平阶级，这就是吸收社会主义思想的表现。梁漱溟后期写的书，不只是《人心与人生》，还有《中国——理性之国》，这本著作专门讲怎么从一个阶级社会过渡到无阶级社会，怎么从社会主义过渡到共产社会。从举的例子可以明显地看出，这些思想家不是在社会里消极地跟着时代，而是在思考怎么跟这个时代的主题能够有所结合。但是有一条是他们坚持的，就是儒家思想文化的价值。

## 潜隐和在场

　　第三个大问题，我称作"从潜隐到复兴"。回到比较近的时代，当然就涉及改革开放这个阶段了。我把这个阶段放到这里来讲。什么叫潜隐？儒学的存在不能够看作只是一个有哲学家存在的存在，不能认为有儒家哲学家存在，才有儒学存在，这是一种片面的看法。在这个时代，特别是在 20 世纪 50 年代以后一直到今天我们看到的儒学的存在，正像李泽厚所讲的，不仅仅是一套经典的解说，它同时是中国人的一套文化心理结构。于是，当一切的制度的联系都被切断以后，它变成一个活在人们内心的传统。特别是在民间，在老百姓的内心里面，儒学的价值依然存在着。儒学在老百姓的内心里面可能比知识阶层存活得更多，因为知识阶层的内心受到西方文化的侵染可能更多。

我们把在百姓内心存在的儒学传统叫作"百姓日用而不知"的，没有自觉的一个状态。中国人的伦理观念，可以说从 20 世纪 50 年代以后，几十年来，仍然受到传统的儒家伦理的深刻影响，它是连续的、没有改变的。但是在不同的时代，因为它不自觉，所以就会受到很多不同时代的环境的影响，或者不能够非常理直气壮地、健康地把它表达出来，有的时候会被扭曲。

这是我们必须强调的一点，就是我们在处理第五个阶段改革开放时期的问题的时候，甚至我们在看第四个阶段以来的儒学的时候，我们的"儒学"观念一定要变。

我想再探讨一下改革开放以来新的儒学的存在方式。这一时期在中国内地，可以说，没有出现像 20 世纪 30—40 年代那样的儒学哲学家，但是在这个时期，我认为有两个方面值得注意。

第一方面就是这一时期的儒学研究，这种儒学研究构成了一套"学术儒学"的文化。什么是学术儒学的文化呢？就是对传统儒学进行深入研究，把握儒学历史发展、演化的脉络，来梳理儒学理论体系的内部结构，阐发儒家的各种思想，这套系统叫作学术儒学。

第二方面叫作"文化儒学"，文化儒学是什么意思呢？我认为这一时期有很多文化思潮与文化讨论跟儒学有直接关系，比如，讨论儒学跟民主的关系，讨论儒学跟人权的关系，讨论儒学与全球化的关系，讨论儒学与现代化的关系，讨论儒学与文明冲突的关系等等，当然我们今天也在讨论儒学与构建和谐社会的关系。在这些讨论里，有很多学者是站在儒家文化的立场，来表彰儒学价值的积极意义，探讨儒学在现代社会发生作用的方式，在这一方面阐述了很多有价值的文化理念。这些讨论，我觉得它也构成了儒学的特殊存在形态，我就把这个形态叫作文化儒学的形态。

我们不能说，这一时期我们没有儒学哲学大家，儒学就是一片空白，不是的。除了潜隐的存在形式以外，我们要定义一个几十年来"在场"的儒学文化形式，所以我用学术儒学和文化儒学来概括这个时代"在场"的儒学存在。

第三个就是民间儒学。如我所讲的，一方面是潜隐的、百姓日用不知的人民大众心里的儒学；另一方面是"在场"的、显性活动的儒学，如学术儒学和文化儒学。"在场"的儒学除了学术儒学和文化儒学外，还有21世纪以来不断发展的民间儒学。这就是我们在20世纪末期已经看到的，今天仍不断发展的文化形式，如各种国学班、书院、学堂、讲堂，包括各种电子杂志、民间出版物、民间读物、儿童读经班、各种儒家启蒙读物的出版。我想，刚才讲的那个层次，不管是学术儒学还是文化儒学，大部分还是在知识分子活动的层面，但是在民间文化的层面，有各个阶层的中国人更广泛、积极地参与。这是一个在民间实践层面的文化表现，我把它叫作"民间儒学"。近十余年来，"国学热"在很大程度上受到民间儒学的推动。

最后，我想指出，进入21世纪，现代儒学复兴的第二次机遇来到了。从20世纪90年代后期以来，随着中国崛起，随着中国现代化进程的深入发展，应该说中国已经进入了现代化的初级阶段。在这样一个背景下，在民族文化自信日益增强的条件下，中华民族和中华文化的伟大复兴，这个双重复兴的大局面正在到来。正是在这样一个局面下，我们说儒学在现代复兴的第二次机遇到来了。儒学怎么样抓住这次机遇，儒学学者怎么参与这次儒学的复兴，我想至少可以做几方面工作：比如说重构民族精神，确立道德价值，奠定伦理秩序，形成教育理念，打造共同的价值观，形成民族国家的凝聚力，进一步提升我们的精神文明，等等。这些方面可以说都是儒学复兴运动中的重要工作。儒学只有自觉参与中华民族的伟大复兴，和时代的使命以及社会文化的需要相结合，才能开辟发展的前景。

2013年

# 20世纪90年代步履维艰的"国学"研究

—— "国学热"与传统文化研究的问题

1993 年 8 月 16 日,《人民日报》以整版篇幅刊登署名文章,题为《国学,在燕园又悄然兴起》,以北京大学中国传统文化研究中心编辑出版的《国学研究》第一卷为基础,报道了北京大学学者对中国传统文化的研究现状和成果。该报"编者按"说:"在社会上商品经济大潮的拍击声中,北京大学有一批学者在孜孜不倦地研究中国传统文化,即'国学'。他们认为研究国学,弘扬中华民族优秀传统文化,是社会主义精神文明建设的一项基础性工作。北大学者以马克思主义为指导,继承北大好传统,使国学研究进入了一个新阶段,开辟了不少新的研究领域。国学的再一次兴起,是新时期文化繁荣的一个标志,并呼唤着新一代国学大师的产生。"中央人民广播电台在当天的《新闻联播》节目中报道了这篇文章,这在北大引起了积极的反应。8 月 18 日,《人民日报》在头版《今日谈》栏目中发表署名文章《久违了,"国学"》,赞扬北大开展国学研究的见地和气魄,提倡"板凳要坐十年冷"的学术精神。9月，北大举行会议，商讨如何进一步推动中国传统文化的研究。季羡林提出，国学的轰动是应该的，一个国家的腾飞有理无文是不行的，他还倡议在北大创办国学研究院。

1993年10月中旬，由北大学生会率先组织了"国学月"活动，北大校内百家学生社团纷纷响应。首场国学研讨会在大讲堂举行，季羡林、邓广铭、张岱年等作报告，听讲学生逾千人。首都一些新闻报刊对这次讲座作了纪实报道。10月14日《光明日报》在《国学与国学大师的魅力》一文中记述"台上台下忘年的学与问之中，展示了一个久违了的文化景观：在国学的旗帜下，在国学大师们的身后，正跟上来一代虎虎有生气的学子"。"国学月"共举办了15次讲座、2次研讨会。11月14日中央电视台《东方时空·焦点时刻》节目以"北大'国学热'的启示"为话题，对北大校园出现的学习和研究中国传统文化的热烈气氛作了纪实报道。1993年11月30日《中国青年报》以《国学：在蓦然回首中》为题，全面报道了北大学生开展"国学月"的活动。1993年12月，北京广播电台以国学为题，邀请北大教授现场回答观众的热线提问。中央电视台与北大签约，合作拍摄150集《中国传统文化系列讲座》，协议说"本片以马克思主义为指导，贯彻批判继承、古为今用的原则，注重社会效益"。"旨在弘扬中华民族优秀的传统文化，以提高民族自信心、自尊心和爱国主义思想"。

在北大发生的这一切，在传媒的积极参与下，被外界和海外自然地视为"国学热"正在中国兴起。回顾 20 世纪 90 年代初以来有关传统文化的出版物的大量增加，和 1989 年、1994 年两次隆重纪念孔子的活动，似乎更加强化了"国学热"遍及全国的印象。

"国学热"的提法出现未久，它的动向立即受到各方面的高度注视。1993 年秋，汤一介教授在接受《中国青年报》记者的采访时明确表示，现在不宜提倡国学。1994 年夏天他在一篇题为《古今东西之争与中国现代文化的发展》的论文的结尾处提到 1993 年以来的"国学热"："到 1993 年，国学热在中国大陆悄然兴起。如何判断 20 世纪 90 年代悄然兴起的'国学热'的走向，可能还得有一段时间才能看清。照我看，可能有两种走向：一种可能是能真正把中国传统文化放在整个世界文化发展的总趋势中来考察，使得中国文化的真精和现时代的时代要求接轨，这将是中国文化走出困境的唯一的出路。但是从历史的经验和目前的发展趋势来看，另外一种可能是国学热离开了学术的轨道而意识形态化，从而背离某些学者热心弘扬中国民族文化的初衷。"这种分析颇有代表性地反映出一部分从事人文研究而又坚持推进改革和开放的学者面对所谓"国学热"的复杂心情——警惕走向封闭的国粹主义和对"国学热"意识形态化的担忧。

此外，汤一介教授所未提及的其他可能境况在 1994 年的下半年也开始不断地被揭示出来。《哲学研究》杂志在 1994 年的第 6 期上发表署名文章，认为"来自西方的秋波，使穷于经济和政治落后的国粹论者找到了精神自慰的方法，他们从韦伯把资本主义兴起归因于宗教伦理的文化决定论中受到鼓舞，热衷于用观念文化来解释东西文化的差异，打中国文化牌。20 世纪 80 年代以来时起时落的文化热以及目前行情看涨的国学热，使东方文化的神话再度复活。"文章提出严肃的警告："一些人宣扬中国需要孔夫子、董仲舒，需要重构与马克思主义并列的中国哲学新体系""不排除有人企图以'国学'这一可疑的概念，来达到摒社会主义新文化于中国文化之外的目的"。把这种提法直接视为将马克思主义与"国学"加以对立，可能并不适当，但是如果说到"不能排除"的各种可能性，也使人联想起不能排除的另一种可能性，即把马克思主义与国学研究对立起来，重复以往教条主义的意识形态对"国学"的怀疑和批判。不过，令人疑惑的是，"国学热"的活动受到了新闻主管部门的鼓励，纪念孔子的活动也是在党和政府支持下进行的。在这种情况下，指摘"国学"研究活动，是不是有无的放矢之嫌呢？无论如何，所有对于"国学"或"国学热"的疑虑似乎都与这个概念带给人的某种"国粹"色彩有关联。那么，就让我们先来了解一下这个概念的由来。

## "国学"的概念

"国学"的概念由何而来呢？虽然中国古代已有把设在京师的国家官学称为"国学"的历史，但与我们在这里所说的"国学"

完全不是一回事。这里所说的"国学"一词，应是近代中国知识分子从日本移借而来的。

日本 17 世纪至 18 世纪时发展出所谓"国学"学派，在开始时是以日本古典为研究对象的学问，具体研究对象包括王朝时代的历史、制度、文学等，特别强调古典的语言学研究。和歌学即由此产生。到了 18 世纪如贺茂真渊、本居宣长，一方面强调用客观的语言学——文献学的方法研究日本的古典；另一方面也追求阐明古典中的古道。但基本上可以说，日本的"国学"是强调对本国古典和古代的实证性研究。日本"国学"的这种发展，与清代的汉学有一致之处。所不同的是，汉学是要通过中国的古文辞学、古文献学阐明中国的圣人之道，而"国学"是强调用日本的古文辞学、古文献学来阐明自己古道①。因此，由日本思想史中移借而来的近代中国的国学观念，很自然地用来指代近代中国形成的一套继承清代汉学而立足于近代教育制度的、以本国传统文化（历史、哲学、语言、文学等）为对象的实证性的学问体系。在这样一个定义下，也包括沿袭古代民间讲学方式传习古代学问的活动。民国以后所用的"国学"概念主要有两种用法：一是指本国的传统文化体系；二是指近代形成的研究传统文化的学术体系。日本的"国学"可以说是相对中国学问而言，近代中国的"国学"则是在西方文化传入、近代教育体制建立后相对于西洋学术而言的。从文化上看，"国学"一词的出现，一

① 参看日本近代日本思想史研究会著《近代日本思想史》第一卷，商务印书馆 1992 年版，第 13—17 页；第二卷，第 17—24 页。

开始就带有一种弱势文化的边缘性意味。

20世纪20年代"国学"一词流行颇广,因为与这一时期的"国故"一词意近而常常互换。早在20世纪初章太炎就在日本出版过几部以"国学""国故"为名的著作。1919年刘师培、黄侃等发起成立《国故》月刊社,以"昌明中国固有之学术"为宗旨。同时期的"新潮社"与胡适都提倡用科学方法整理国故,虽与《国故》不强调科学精神的追慕国故不同,但都肯定研究国故的意义。胡适把再造文明的任务归结为:研究问题、输入学理、整理国故。1922年章太炎出版《国学概论》,到处进行"国学"讲习活动。1923年北京大学《国学季刊》创刊时,任编辑部主任的胡适提出"国故学"的三个努力方向:历史眼光、系统整理、比较研究。同年,胡适和梁启超都为学生开过"国学"书目。做过革命派的章太炎、做过保皇党的梁启超和自由主义的代表胡适对"国学"的概念和"国学"研究都是肯定的。稍后的学衡派主张"昌明国故",其所谓"国故"亦即是"国学"。因此,人文学者很少有在一般意义上排斥"国学"概念或把它看作可疑之物的。

胡适对"国学"的主张和看法对后来"国学"所涵盖的各学科的发展较有影响。他所强调的是"科学的研究"和"还古人本来面目",以理解过去的"真意义"。这种客观主义的、实证主义的方法和倾向,促进了人文领域中国近代学术的建设。值得注意的是,自由主义的代表胡适特别强调"国学"是对中国固有学术的一种历史研究,认为这与民族主义和民族精神没有密切关系，这在 20 世纪的"国学"家中似居少数。多数国学大师在从事"国学"研究的同时，在价值上认同中国文化的价值，并有着弘扬中国文化、使之继往开来的愿望。

"国学"的概念有什么地方可疑呢？日本 18 世纪后产生的"国学"概念或中国近代移借运用的"国学"概念已概述。我国 20 世纪 90 年代学术界所运用的"国学"可以张岱年先生的定义为代表。1991 年 3 月，他在为自 1990 年开始组织编写的"国学丛书"撰写的《总序》中阐明了"国学"的意义和范围：

> 国学是中国学术的简称。20 世纪初年，国内一些研治经史的学者编印《国粹学报》。其后，章太炎著《国故论衡》，又作《国学概论》讲演，于是国学的名称逐渐流行起来。称中国学术为国学，所谓"国"是本国之义，这已是一个约定俗成的名称了。

> 中国传统学术包括哲学、经学、史学、政治学、军事学、自然科学以及宗教、艺术等等，其中自然科学有天文、算学、地理、农学、水利、医学等，其中最发达的是医学，这些都是国学的内容。

> 我们今天建设社会主义的新中国文化，必须对以往的学术成就进行批判性的总结。我们现在研究国学，要采取分析的态度，中国传统学术的内容，可以说是瑕瑜互见，精粗并存，其中既有符合客观实际的真知灼见，至今犹能给予人以深切的启迪，亦有违离客观实际的谬妄之说。我

们研究传统学术，要去粗取精，去伪存真，清除历史上从古流传下来的污垢，发扬前哲已经揭示的相对真理，是我们的历史任务。

现在一项极其重要的工作是进行爱国主义教育，这一方面要将近百年来中国人民反抗外来侵略的斗争史昭告年轻一代；另一方面要将自古以来中国学术的优秀成果昭告国人，借以启发热爱祖国的崇高感情。

这些有关"国学"的阐述，明白清楚，毫无"可疑"之处。

1992年1月成立的《国学研究》编委会开始编辑《国学研究》年刊，并于1993年5月首次出刊。南怀瑾在卷首致词中云："中国固有文化，自20世纪20年代开始，因有别于西洋文明，故有国学之名兴起。实则所谓国学，并非专指写古文辞旧体诗词等文字范畴，中国文化自古及今素来文哲不分、文史不分，而且文法、文政亦不可或分。如以现代言之，国学一词，内涵统括固有之文史科哲等学，并非仅限于词章义理考据而已。"《人民日报》"编者按"所引述的"中国传统文化即'国学'"的提法正是概括了《国学研究》的理解。1993年6月北京大学校刊刊登《国学研究》编委会的文章《写在〈国学研究〉出版之际》，文章指出："研究国学，并非盲目的崇古，而是对中国传统文化进行科学的整理与探讨，给予正确的阐述与评价，既给它以应有的历史地位，又通过深入地把握其丰富内涵，更好地调整其在当代生活中的作用，为发展社会主义新文化服务。"

"国学大师丛书"的《出版说明》指出，该丛书组编始自1990年冬，并提出："所谓国学就其内容而言，系指近代中学与西学接触之后的中国学术。""今之所谓国学，起码应拓宽为：近代中国学子用考据和义理之法研究中国古代文献之学术"。"'国学大师丛书'之'国学'概念，实指近代以降中国学术的总称"。把"国学"理解为近代以来中国学人研究中国古代文化的学术，这种理解在学术界较少，虽然，"国学大师"都是指近代以来国人研究固有文化之有成就者，但"国学"还是多兼指研究对象与研究本身。

20世纪早期的"国学"概念往往带给人们一种印象，似乎"国学"只是古代历史、典籍的训诂考据之学，在文化激进主义者看来甚至具有某种崇古的意味。而在实际上并非如此，胡适及其对"国学""国故"的关注最能说明这一点。

## 文化变迁中的"国学"符号

这十年来，"国学"的概念在消失多年之后，开始重新出现。从20世纪80年代到90年代，这个概念在半个世纪之后恢复使用，首先在很大程度上是出于汉语修辞的需要。汉语修辞的简易化、典雅化的要求使得在出版、编辑、命名等方面，"国学""国学丛书""国学集刊"比起"中国传统文化""中国传统文化丛书""中国传统文化集刊"更容易被选择和接受。

近十年来，与"文化热"兴起相伴而来的"国学"概念，在直接意义上就是"中国传统文化"的概念。早在20世纪80年代中期汤一介教授等就在南方兴设了国学研究所，筹划出版《国学集刊》（后改为《中国哲学与中国文化》），这一方面与当时对中国传统文化的关注热有关；另一方面也应与摆脱教条主义的僵化束缚，恢复二三十年代国学研究的学术传统的要求有关。进入20世纪90年代，"国学"一词在民间的使用显著增多，如前述的"国学丛书"、《国学研究》、"国学大师丛书"等都是20世纪90年代初出现的。1992年北京的一些中青年学人还组织了国学研究所，定期研讨中国文化以及与中国文化研究有关的学术问题。

我自己作为参与了20世纪90年代以"国学"为名的几种活动的学者，对中国是否有一个"国学热"，一直是持怀疑态度的。基于对七十年来文化激进主义传统的巨大影响力的深入了解，以及对近年商业大潮搅动人心的现实感受，我根本不认为目前在实质上会有多少人真正对中国文化发生内在的兴趣，或中国文化在知识界的研究与关怀中真正热乎了起来。但我也承认，关心中国文化的人愈来愈多起来了，知识界了解传统的心态也渐趋平实，特别是在以出版物为代表的形式上，中国文化研究在20世纪90年代确实出现了一种与80年代相当不同的景观。

20世纪80年代末的学术出版，除去各种专业刊物外，综合性的中国文化研究刊物或以中国文化研究为主要内容的刊物增加较快，如《中国文化》（中国艺术研究院）、《国学研究》（北京大学中国传统文化研究中心)、《传统文化与现代化》(国家古籍出版规划小组)、《中国文化研究》(北京语言学院)以及《学人》《学术集林》《道家文化研究》《原学》《原道》等。《中国文化》沟通内地与港台,学术、文化有声有色;《国学研究》以厚重和纯学术性见长;《学人》以中国近代学术史研究为主要取向,兼容东亚和西方文化的研究;《学术集林》提倡自由之精神、独立之思想,而更强调实实在在地探索和研究具体的学术问题;《原学》与《原道》是更年轻的一辈学者所创办,体现了他们致力研究中国文化及其精神的生气。其余各地主办的刊物不一而足。

就丛书来说,除了20世纪80年代上海开始出版的"中国文化史"丛书、孔子基金会推动的"中国思想家评传"丛书(南京大学出版社)、"中国传统思想研究"丛书(齐鲁书社)等,前面提到的几种国学的丛书外,中国文化书院组编的"神州文化集成"、北京图书馆组织的"中国文化小丛书"等都有一定影响,比较现代的如"中国20世纪思想文库""中国现代学术经典"丛书以及"现代新儒学辑要"丛书、"现代新儒学研究"丛书等也未尝不可以看作中国文化出版潮的一部分。

在中国文化原始材料的出版方面更是惊人,除新编《中华大藏经》继续出版,《道藏》《四库全书》等大部头书被影印外,各种佛典近年大量刊印,例如由国家推动的《中华大典》。由地方政府推动的《孔子文化大全》,由企业及外资支持的《四库全书存目》以及《续修四库全书》等受到"盛世修典"口号的激励而纷纷出台，或已出版，或在编辑之中。各省出版单位近年在出版本省先贤的遗集方面，贡献颇丰。古籍的今译在近年更是遍地开花，其中精粗混杂，质量不一，几乎是无所不译。20世纪80年代兴起的实实在在的"气功热"在20世纪90年代有进一步的发展，各种修炼的宝笈印行甚广，而《周易》与易学借其势尤为流行。占卜、厚黑之书，明清言情文学，各种以中国文化为名的辞书、辞典印行量也乘势激增。

面对这一切，至少人文领域出版物方面的"国学热"的存在，真可以说是有根之论，而非无稽之谈了。形成这样一种局面的原因是多方面的。20世纪80年代末以后，在批判全盘西化思潮的政治气氛下，20世纪80年代后期最热的西学译著的出版，在出版单位的自律之下，必然改变方向。出版界作为一种产业必须寻求其他的市场和出路，古籍的印行有不受写作生产力和版权、版税的限制的特点，使得古籍成为出版业炙手可热的资源。同时，在弘扬优秀传统文化的口号下，各家出版社努力亲近导向，这就很自然地导致了有关中国文化的原典、资料、辞典的大量印行。此外，经济的发展使得影印古籍的价格已可为读者所接受，从而面对中国古文献的巨大市场缺口，影印古籍的迅速增加也就是顺理成章的事了。至于与大众文化的兴起和扩张相适应的、对民间宗教和方术的兴趣的增长，以及地方政府对地方文化的推动和旅游文化的开发，乃至企业家对文化事业的热情投入就无法一一详加评说了。

# 步履维艰的国学研究

20 世纪 90 年代的思想界也确实发生了一些变化。20 世纪 90 年代的知识分子一改 80 年代的知识分子的急切的心态和反传统的迷思，以冷静和清醒的思考面对文化问题。这不仅是因为文化研究的能量在 20 世纪 80 年代末之后必然转移，也确实因为在理智支配情绪之后，海内外的知识分子开始接受文化理论上的严肃论说。活跃于 20 世纪 80 年代的中青年学者到 90 年代更趋向成熟，对于传统的态度愈来愈多的是深入的研究或同情的了解，同时在教育体制内，前卫青年转变为专业化的教授，这使得激进的反传统宣言已不受欢迎。这样一种对于传统的平实的态度在 20 世纪 90 年代占了主导地位，逐渐形成了一种对传统不是指摘其缺陷，而是寻求其肯定因素的风气。风气所及，不仅三十岁左右的年轻学人更加认同中华优秀传统文化，而且一些马克思主义哲学家也颇为积极地参与中国文化的讨论与交流。1993 年春，由黄楠森教授主持的、由马克思主义哲学家参加的中国两岸文化研讨会就是一个例子。

可以说，这一切都反映了一个发展中的社会在历经曲折之后开始步入经济增长的背景下，民族自信增强了，就这一点而言，它是不受指责的。这种自信乃是现代化工程的必要条件，其意义决非政治性思维所能理解和消解。

问题在于，所有这一切就算是"国学热"了么？（顺便说一句，其实我是更喜欢用"中国文化"而不是"国学"这个词的）

出版文化并不能代表学术研究，这是很明显的。否则，怎么又会有1994年《读书》杂志上关于"人文精神的危机"的讨论呢？

大约与所谓"国学热"的酝酿处于同一历史时期，1992年初邓小平南方谈话发表之后，一场全国性的工商业大潮汹涌而来，这才是真真正正、实实在在的热潮，小到北大推倒南墙，大到浦东开发，它的冲击可以说无所不至。一年后，十四大关于建立社会主义市场经济的决定肯定了这种发展，并给市场取向的发展赋予了充分的合法性。在短短的一两年内，社会文化、教育和知识界就经历了未曾想见的巨大冲击。商业化、商业文化及其带来的人心的变动，构成了对文化与学术的重大威胁。而知识分子的尴尬就在于，他们既要欢迎社会主义市场经济的发展，又要承受市场经济发展的苦果，与市场经济对文化的负效应苦苦抗争，以守护文化和价值，使之不被商业化以至堕落。在这样一个大背景之下再来看，可知实质性的"国学热"在这样的时代根本不可能出现。

在某种意义上说，1993年下半年对"国学热"的宣传，恰恰是以市场经济非理性地活跃和商业化下的文化失范为背景而产生的，这从《人民日报》报道的叙述重点可以清楚看出，其他的新闻稿也莫不如此。1993年的所谓"国学热"现象在此意义上可以看作是人文学术对商业冲击的一种抗争，即使是在政府的新闻部门，也是把对"国学热"的宣传作为文化失范情况下的加强舆论导向的工作。因此，透过表面的"国学热"，便会了解中国文化的研究领域其实面临着困境。在经济上，市场取向的工商业发展吸引着社会的优秀人才，使得培养关注传统文化的力量更为困难，也造成了相对于日益发展的出版业和刊物群，研究与写作的生产力的相对萎缩（如果不是绝对萎缩的话）。在政治上，"国学"受到了双重怀疑，一方面被怀疑可能意识形态化和国粹主义化；另一方面被怀疑有国粹主义倾向而侵占了马克思主义的主导地位。在思想上，在"反封建"这个标签下，自由主义的启蒙心态和教条主义的封闭心态，对传统始终抱有强烈的戒心和批判意识，而更为流行的功利主义则倾向于把传统和文化干脆排除出视野之外。这表明，自五四以来，国学一直是处于困境，而远非热点。事实上，这种困境和遭遇对于20世纪以来的儒学而言，可以说是司空见惯了。

## "国学"与21世纪中国

面对传播媒介一度频繁使用的"国学热"，一些同志忧心忡忡，他们不仅批评肯定传统文化某些观念的学术观点，而且在他们的批评中轻率地使用诸如"复古主义""国粹论者"等具有强烈意识形态色彩的字眼，在客观上为本来就步履维艰的传统文化研究平添了不必要的困扰。"复古主义""国粹论者"的提法在五四前后的书刊文献中很常见，但20世纪90年代与五四时代完全不同，在重视继承传统的人中，基本上都是赞成和拥护改革开放、促进中华民族现代化的，根本没有人企图返回到封建的古代社会。在这个意义上，把所谓"复古主义"的提法运用于今天的学术讨论，不仅是习焉不察，而且是不科学、不适当的。在"文化大革命"的批判文章中，"复古主义"的提法常常成为对传统文化和老一代学者进行极"左"的教条主义批判的利器，"文化大革命"之后仍令人心有余悸。10年前，冯友兰先生在《孔子研究》创刊号上写了"一点感想"，他说：

> 五四时期谈中西文化，其重点是针对中国文化的消极方面来进行批判；现在再谈中西文化，其重点是要发现中国传统文化的积极方面，有所继承。人们常说，对于古代文化，要批判地继承，这是一个程序的两个方面。随着历史的发展，人们有时注重这个方面，有时注重那个方面，所以就显示出一种转化。……一提到继承，就往往被怀疑为"复古"，这种怀疑是多余的，因为这个程序还有批判的那一面管住，批判的影响是不会消失的。

我们应当说，冯先生的话，对于今天来讲，还未完全过时。同时，我们也充满信心地期望，排除各种由具有政治性意味的语词引发的纠葛与干扰，使我们对中国传统文化的研究，在"百家争鸣，百花齐放"的气氛中，不断前进和发展。

"国学"既然强调"本国"的意义，当然是针对中国知识分子而言。也因此，"国学"研究只是文化中国的诸意义中的一部分，但中国学者的中国文化研究毕竟是非常重要的一部分。面对现实，"国学"当然希望淡化对它的外在炒作和政治性解读；展望未来，"国学"将从它所受到的各种批评中汲取益处，它也将按照自己科学的、历史的、客观的研究方向继续前进。既然20世纪90年代中国知识分子对待中国文化的态度上的转向并不是因1993年的"国学热"而引起，那么也就有理由相信，"国学"一词带来的各种纠葛与干扰不会影响中国知识分子对中国文化的态度和研究。中国文化将承继五千多年的悠久传统，融会新知，大踏步地迈向未来。

正确理解"国学热"现象，就要对中国文化在未来的地位与走向有正确的估计，要对中华文化的伟大复兴怀有真正的热诚。对中国文化在21世纪的走向，必须在一个全球的经济、文化视野里加以考察，离开了这样一个大背景，我们就无法高瞻远瞩，也不能超越浅近的功利眼界。虽然大多数中国人还不敢领受"21世纪是中国的世纪"的预言，但"亚太世纪"的提法在当今世界已颇受瞩目。在20世纪90年代亚太的发展中，中国无疑占了一个重要位置。放眼未来，亚太地区将可能成为带动世界发展的中心地带。中国在亚太乃至世界的地位，将由此发生一个根本的转变。随着中国经济现代化的迅速开展，植根于传统的中国文化复兴已提到了议事日程。因此，基于改革进程全方位展开的不可逆转，从上面一种认识和展望出发，比较20世纪的行程和21世纪的发展可能，就中国文化而言，也许可以这样说，20世纪是"批判和启蒙"的世纪，21世纪则将是"创造与振兴"的世纪，而世纪之交正是整个民族生命"贞下起元"的转折点。把握这一文化转型的特点是我们认识文化现象、思考文化发展的重要出发点。从世界范围来看，虽然带有西方文化特点的现代化过程还要持续相当长的时间，但未来亚洲（包括东亚、东南亚、南亚）的振兴将进一步破除欧洲中心主义，西方文化霸权将逐渐解体。在全新的多元文化格局中，人们将不再主要关切西方文化的引进、应用，不再把西方作为普遍性的典范，在非西方的世界，植根于自己传统的文化将日益显示其强大的生命力。从国内的发展看，随着建立社会主义市场经济方向的确立，作为改革初期的文化动员，20世纪80年代初以来的"传统与现代"的论争在今后将不再重要。在改革不可逆转的进程中，我们将面对重建民族精神、价值体系的巨大现实课题，"振兴中华"将从科技的振兴、经济的振兴走向包括精神的振兴在内的全面的振兴。在现代东亚文化的振兴中，中国文化将要重新担负起精神创造的责任，事实上，这也是东亚文化圈内对中国文化的期望。

1996 年

# 新世纪国学热的发展

　　我想从文化现象、文化事件入手，但不是依照逻辑的顺序，而是按照历史的序列，来叙述我自己对新世纪以来国学热的观察，并与大家进行交流。

　　在最近十年的国学热中，第一个事件我想讲的是"《儒藏》编纂"。2002 年开始，北京大学、人民大学、四川大学都提出《儒藏》工程的计划。2003 年教育部正式发布《儒藏》重大攻关项目，由北大牵头，《儒藏》项目后来在国家社科基金也得到重大项目立项支持。这项工程后来在几个大学的发展，各有不同的方向，如北京大学是以中国的儒家经典与文献为主；人民大学则以东亚、海外为主，汇编日本、韩国、越南历史上的儒学文献；四川大学则结合自己的宋代古籍整理计划进行。《儒藏》的编纂工程，引起了社会广泛的注意。此后便有《子藏》《子海》的规划，如山东和上海这类项目的立项，也引起了文化界的关注。总之，中国文化经典或者国学经典慢慢成为学界关注的热点。总体来讲，从 2002 年开始这个"经典汇编"现象可以作为我们判定近十年国学热的第一个起点。国学为什么现在很热？必定由很多因素促成，其中一定跟中国崛起、经济发展、国民文化自信的增强有关，跟社会对文化的需求、认识也有关系。经典汇编是国学研究的基础建设。我想说，国学经典汇编热，是这一波国学热的一个具有起点意义的文化事件。

第二个事件就是"甲申宣言"。2004 年 9 月的"甲申文化宣言"，是由许嘉璐、季羡林、任继愈、杨振宁、王蒙等倡导并发起的。其中季先生、任先生代表了学术界的一种态度；杨先生和王蒙则代表了更广的中国文化界的知识分子对中国文化的态度，这个宣言也从一定程度上反映了政府对中国文化的态度。事实上，这个事件也受到了一些批评。这些批评主要来自于把它和 1935 年的本位文化宣言抽象地联系起来，更多的是来自于自由主义立场的批评。针对这一事件的出现批评者虽然表达了自己的意见，但是都没有真正了解到发表这个宣言的意义和立场。这个宣言的意义和立场实际上就是，在新的时代，也就是在全球化时代，在一个多样文明共建的时代，中国文化怎么确立自己的文化态度，怎样正面回应从 20 世纪 90 年代以来关于文明的对话，这是宣言的一个基本立场。像我刚才讲的，这个宣言其实反映了政府、学术界、知识界、文化界面对全球化挑战而达成的、对中国文化的"共识"。这一事件其实也是面对全球化和文明对话的挑战，所表达的关于中华传统文化及其普世价值的一种共识。这与 1935 年的情况不同，跟在自由主义立场上所提出来的问题是不相干的。任何一个国家、民族都有权利保护自己的民族文化。这个宣言延续发展为 2010 年的尼山论坛<sup>①</sup> 的宗旨。这个论坛突出"文明对话",在我看来,就是希望能够建立在全民文化共识的基础上,表达对全球化带来的文化同质化的态度。我们对此应该有一个积极的肯定,"文明对话"在一定程度上体现了国学的文化自觉。

第三点讲"国学普及"。在 2006 年以前,在社会层面,国学的教育和普及有很大的发展。如北京大学,不同的院系都开办了国学班,哲学系、历史系、光华管理学院,很多的院系以及与外单位合作的一些国学讲习班,在北大校园风风火火地开办。学生来自于各个方面,有来自媒体、企业界的,也有来自各种专业技术行业的,结果是有的同志在北大连续不断地参加国学班学习,参加一次不够,参加第二次、第三次,变成了在五六年里面不断在北大念国学班的常客。这个现象反映了整个社会对于民族文化补课、学习的一个强烈的需求。

从国学普及的方向和线索来说,其中一条是自下而上的发展。虽然国学班的开办是在各种各样的文化需求的共同推动下,而并非由政府主导的,但是由于社会各个部门的参与,使国学班相当流行,各个省市都非常多。就具体形式而言,有的是以诗词诵读为主,有的以儒家经典的普及版为主,如《三字经》《弟子规》,也有一些是以儒家正典为主,如"四书",甚至还

---

① 尼山论坛是面对全球文明对话的一个国家级论坛,由文化界主导,得到政府的支持。

有"五经"。总体来讲，从校园内的国学班、社会的经典诵读发展起来的大众学习传统文化的热潮，是一个传统文化的再学习运动。推动国学普及的层次越来越多，甚至有一些是县市政府部门所组织的。就国学普及的内容而言，一个方面是知识性的普及，这个方面大家的需求很大、积极性很高，当然这个需求来自于各个方面，企业家有企业家的需求，媒体界的朋友有媒体界的需求，总体来讲是文化知识上的一种补课；另一个方面是道德的教化，特别像国际儒联所推动、开展的儒学普及活动、儿童国学启蒙活动，初高中国学教育注重加强我们德育上的教育。这两个方面共同推动了整个国学普及的自下而上的发展。

有关国学普及的另外一个方向，除了刚才我讲的国学班、大众诵读这样一条线索外，从 2006 开始，主流媒体也参与进来，共同推动国学的普及。2006 年 1 月，《光明日报》建立了"国学版"，它本来的宗旨不是写学术文章，而是写给大众看，所以国学版的初衷和整个方向是自上而下的社会文化传播，这与自下而上的国学热以及普及国学知识的目标是一致的。到了 2006 年10 月，中央电视台跟于丹女士的合作，讲《论语》与人生，它推动了《百家讲坛》的发展，这个意义也是相当重要的。中央电视台的这项工作得到了社会非常热烈的响应，后来成为这几年整个中国传统文化普及的一个先锋，带动了媒体对国学热的文化参与。主流媒体参与国学热，这个作用非常大。2009 年对国学普及又慢慢向青少年发展，在央视 2 频道《开心辞典》栏目推出了"开心学国学"，这个活动选择在暑假播出，是面向青少年的，追求文化素质的提高和德育的养成，这跟国学教育的方向是一致的。因此可以说，整个这一波的国学热是由自下而上和自上而下这样两条线索的交叉推动形成的，而社会与民众的需求是推动国学热的主导动力。

第四点讲"国学机构"。其实，2000年北京大学中国传统文化中心就率先转型为国学研究院，但未引起社会的注意。此后国学机构渐渐增多，动静比较大的，首先是2005年人民大学设立国学院，开始运用国学学科的方式进行国学教育和推动国学研究，这在社会上引起了相当大的反响和议论。其次是2009年清华大学重建国学研究院，老清华国学院是中国现代国学研究的标志和典范，清华国学研究院的重建自然引起了海内外的特别重视。除了国学研究机构推进研究以外，国学院要把学科性质的发展带进学校来，引起了对现有体制的一些冲击，其中最关键的是国学要不要成为一级学科，这个话题的讨论也是2009年以来在《光明日报》的参与下进行的。而国学学科问题的讨论，包含对西方学科体系的某种质疑，具有一定的理论意义。除了体制内的国学机构外，体制外的民间的国学教育机构也建立了不少，体现了民间对国学教育的热衷。

由于时间的关系，我以上就从经典汇编、文明对话、国学普及、国学机构四个大的方面粗略地概括了近年来我们所经历的一些文化现象，提出对其中的意义的一些理解。

最后谈一点，建立马克思主义与中国传统文化相结合的一个新的文化体系，应该说任重而道远，还要走很长的探索之路。

如果就文化事件上来讲，新世纪有三个和孔子有关的文化事件，一个是孔子公祭，另一个是《孔子》电影，最后一个是孔子塑像。纪念孔子诞辰公祭大典 2004 年在曲阜孔庙举行，这是 1949 年以来的首次公祭。《孔子》电影的出现，从对电影的积极反应来看，某种意义上代表了中国社会文化对孔子的认同。如果把它放在马克思主义中国化的立场上，我觉得这个问题在 20 年前从方向上其实已经解决了。江泽民同志在 1989 年秋天作了关于孔子的讲话，他讲的方向是明确的：第一句话，他说中国古代有孔子这样一个思想家，我们应引以为自豪；第二句话，他说孔子思想是很好的文化遗产；第三句话是，应当吸取精华、去其糟粕、继承发扬①。这就从方向上明确了我们在现代中国文化发展过程中怎么对待孔子。孔子在几千年中国历史发展中的作用和在近百年来中华文化重建中形成的地位，使他已经成为中国文化的代表。因此我们对于孔子的态度要非常慎重。但遗憾的是，2011 年孔子塑像一立一撤，引起大众关注，海外一片哗然。其实孔子像的位置根本不在天安门广场范围内，而一些同志还根本不清楚孔子像的位置就大发其议论，是很不负责任的。对这一文化事件发表意见的人很多，从媒体误导、愤青心态到"文化大革命"遗风，都参与了对这一事件的议论。我始终认为孔子塑像立在国家博物馆是积极的，而且从一开始我就肯定，在政治上可以说这是马克思主义中国化深入发展到新阶段的一个

---

① 引自谷牧《我对孔子的认识》，参见谷牧著《谷牧回忆录》，中央文献出版社，2009 年版。

标志。就其结果而言，则不能不说这是马克思主义中国化进程中的一个曲折。但从整体上看，整个社会的发展带来的人民对民族文化的信心不会减弱，人们对中华文化的伟大复兴的信心不会动摇，文化界和广大人民对中国传统文化的肯定和守护是不会改变的。因此我对中国的马克思主义和中国传统文化相结合的前景是持乐观态度的。

2011 年

# 如何看待国学热

　　"国学"作为汉字词汇，在历史上最早是指周代在国都建立的国家官学。18世纪日本出现"国学"学派，以"国学"指日本自己的古学，以与来自中国的学术相区别；这种把"国"作为"本国"意义的用法，在近代日本发展出"国粹"派，主张保存本国文化，反对欧化主义。受此影响，20世纪初，我国学者提出"国学"的概念，总体上是作为"西学"的对照概念来使用的，其中的"国"是指"本国"，"学"是指学术文化。中国人所使用的"国学"当然是指区别于外来文化的、中国本有的学术文化，这是近代国学概念产生的最初意义。在此后的文化论述中，渐渐形成了三种国学的用法：第一种是指中国固有的学术文化，即西方文化在近代输入以前中国文化在几千年的历史中所创造的学术体系，所谓学术文化意指学术形态的文化，而不包括非学术形态的文化，如民俗等。第二种是用来泛指中国传统文化，其范围大于学术文化，一切传统文化形式都包括在内。第三种则是指近代以来我国学者采用古今结合的方法对传统学术与传统文化进行研究的体系，即国学研究。明确了国学概念的三种意义，我们就可以知道，目前文化界一般所说的"国学热"，就其现象来说，其实是传统文化热，其国学概念是在第二种意义上使用的。

在经历了 20 世纪大半时间内对中国传统文化的批判、否定，伴随着社会主义市场经济的初步确立，20 世纪 90 年代中期迎来了第一波"国学热"。不过当时的所谓国学热，无论从规模还是从性质上，都还只是中国文化"一阳来复"的初始。进入 21 世纪以来，全方位的国学热兴起并持续升温，其中媒体的参与固然起了很大作用，但来自民间的对传统文化的热情和需求才是主要的推动力量。21 世纪国学热兴起和持续的根本原因，在于中国现代化进程自 20 世纪 90 年代以来快速、成功地发展，及其所导致的国民文化心理的改变。从历史上看，后发现代化国家处在现代化进程初期时，多采取启蒙式的文化动员，批判传统，引进西方文化；而在现代化受挫期，更容易全盘否定自己的文化传统，这反映了追求现代化但无法成功的集体焦虑。当现代化进程驶入快速发展的轨道、经济发展取得成功之后，国民的文化自信便会逐渐恢复，文化认同也随之增强。这在后发现代化国家是常见的。在 20 世纪 90 年代中期以来的中国，与传统文化不同程度地隔绝了多年之后的人们，在文化信心得以恢复的同时，便急切地想要了解自己祖先创造的灿烂文化，形成了对国学资源的全面需求的局面。从这一点来说，国学热的出现是中国现代化成功发展的文化表象，是有其必然性的。

中华文明是世界上唯一五千年连续不断的文明，为人类的文明发展做出了巨大贡献。而中华民族百余年来曾遭受了沉重的屈辱和曲折，因此中华民族文化自信的恢复对于民族的发展有着重要的意义。国学热使我们意识到，不能孤立地看待20世纪90年代以来的中国现代化过程，而必须从中华民族整体发展及近代曲折的历史来认识，必须把它和中华民族的生命力与生命过程联系起来，把它视为中华民族奋斗史的新篇和中华文明史的新开展，看成中华民族精神发展历程的一部分，从中华民族的角度理解它的成就。换言之，改革开放以来四十年的发展成就使得越来越多的人意识到，这些伟大成就的取得归功于中国人民的勤劳与创造，归功于中华民族的文化与价值。当代的国学热提示着中华民族自我意识的觉醒，体现了民族自尊与自信的增强，开启了民族文化自觉的新时代，这对于中华民族的复兴是有其重要意义的。

在文化传统与民族精神的关系上，我们要明确中华文化是中华民族生命根源之所在。中华民族的精神是在五千年的中华文明史中滋养、壮大起来的，因此中华民族的民族精神形态及其内涵是不能离开中国传统文化的，中国传统文化是中华民族精神得以形成的主要土壤和环境。民族精神是一以贯之的，但其表现会受到各种社会因素的影响，因此有时得到彰显、发扬，有时表现得黯然而平淡。应当说，人们越有文化的自觉，民族精神就越能发扬光大。国学热表明，与中国在世界崛起相伴随，中国人对传统文化的认识和态度已经或正在发生根本性的转变，中华民族的民族精神正在经历从自在转变到自觉的过程，这正是弘扬民族精神的关键时期。国学热所体现的正是中华民族的文化自觉的开始。文化自觉就是认识自己文化的发生、成长、发展的历史，认识自己文化的独特性、存在价值及其普遍意义，把个人连接、融入到历史文化长河中建立文化认同。对于中国文化这一连续不断的古老文明而言，文化自觉是促进文化复兴的重要条件，文化自信促进了文化自觉，增强了民族生命力，振奋了民族精神。在这个意义上，当前的国学热是中华文化复兴的初级阶段的文化标志。

同时，国学热反映了广大人民群众在建设精神家园方面对本土的传统资源的热切渴求。社会转型需要一种与革命时代不同的意识形态，由此促进的文化转型，构成了当代的文化景观。在现代化市场经济发展的同时，社会道德秩序和个人安身立命的问题日益突出。社会道德秩序的建立离不开传统道德文化，这已经是后"文化大革命"时代转型期执政党和人民的共识。安身的身、立命的命则都归结到心灵的安顿，从而使心灵的需求比以往更加突出。市场经济的发展带来了人与人关系的新的变化，也使得青年一代在寻找人际关系处理方法等方面把眼光转向古老文明的人学智慧。中国古代文化的宝库已经成了现代人待人、处世、律己的主要资源，与其他外来的文化、宗教相比，在稳定社会人心方面，传统文化提供的生活规范、德行价值及文化归属感，起着其他文化要素所不能替代的作用。几千年以人为本的传统文化，在心灵的滋养、情感的慰藉、精神的提升，以及增益人文教养方面，为当代市场经济社会中的中国人提供了主要的精神资源，在心灵稳定、精神向上、社会和谐等方面发挥了重要的积极作用。

此外，国学热还有助于破除"西方文化中心主义"及文化霸权对我们的影响。百余年来，我们大力学习西方文化，谋求现代化，这无疑是正确的，而且要继续扩大开放。但在学习西方先进文化的同时，也产生过全盘西化的思潮，对民族文化持虚无主义的态度，导致了民族文化的主体性意识彻底失落。这既不利于现代化，使现代化失去民族精神的支撑，又易导致食洋不化，不能把先进文化的普遍性与中国具体国情结合起来，一切照搬西方经验和西洋原理，忽视中国的历史文化经验与中国原理。历史学家早已指出，中国有几千年连续不断有记载的历史，这在世界文明史上是独一无二的，一切社会科学的原理必须接受和通过中国历史的经验的检证，才能证明其真理性。国学热有助于人们对西方文化以特殊为普遍的立场进行反思，对引进或移植自西方的学术体系进行反思，通过中国经验和中国智慧来建立中国文化的主体性，促进世界多元文化的平等交流。这种重视中国经验与智慧的努力，在实践领域尤为突出，如在西方管理思想之外，积极寻求基于中国文化的概括、提炼以及在中国文化指导下的管理之道，已成为中国企业家最热门的追求。

就国学热与国学研究的关系而言，应当说国学热本身并不等于国学研究热，目前的国学热还是分布在大众教育和国学知识传播方面，相对于国学的学术研究，多属于文化普及的层面。大众教育和传播的热络并不能自然带来国学研究品质的提升和发展，这是要区分清楚的。但是这样一种传统文化热的文化氛围，改善了社会公众对于传统文化的态度，对青少年的影响很大。从小熟悉传统文化，将使这一代青少年对国学充满向往，有利于新的一代人传承中华文化，也使得国学研究有了更好的文化生态的支持。事实上，中华民族精神的历史发展并不仅仅是在学术研究层面产生作用，在很大程度上是靠人民群众通过普及渠道所获得的文化信念与价值，在实践中坚持、信守并付诸于行动，在历史舞台上演出轰轰烈烈、可歌可泣的壮丽故事。而人民群众的文化信念也反过来影响着从事理论论述的文化精英。在这个意义上，传统文化的普及化不能只从普及的角度来评价，要深刻认识其在传承中华文化以及培育民族精神方面的意义。

由此看来，当前所谓国学热的出现和流行，对于中华民族复兴的进程，对中国现代化的深入开展，对社会和谐的实现，都是必然的，也是合理的、积极的，应当予以充分的肯定和支持。但是，传统文化并不是包治百病的药方，传统文化并不能解决我们现实生活遇到的一切问题。传统文化只是我们的文化根基，在其基础上如何建构起适应人民需要的现代政治、经济、法律、文化体系，发展政治文明，保持经济增长，健全法制生活，繁荣文化发展，需要全社会的创造性的努力。同时也需要通过适时的引导，帮助人民分辨传统文化的精华与糟粕，分辨永久的价值和过时的东西，使传统文化的资源更能够结合时代的要求发挥其作用。

2010 年

# 从不同角度看国学教育

## 国学教育状况

现在我们的国学教育至少有三个层次。国学院是第一个层次，截止 2012 年，中国人民大学国学院已经办了 5 年了，武汉大学 2010 年也正式成立国学院。这是在我们现有的教学体制里，专门划出一块做国学人才的培养。应该说这两个学校的国学院，带有试点的意义。当然，在 20 世纪 20 年代，有不少大学都有类似的国学教育机构，但是它已经与六十年来的现代教育脱节了。所以在某种程度上说，建立国学院是要把当年的传统恢复过来，并且进行新的规划。所以人大最初开始这种试验，还是很大胆的。

第二个层次是以国学作为主要教学功能的文科试验班。比较有代表性的是武汉大学，已经办了十年的试验班，武大的国学院就是在这个基础上成立起来的。

第三个层次是大学中继续教育类或者成人教育类的课程班。现在国内教育性的国学院只有两所，试验班也没有很多，但是各个学校开设的属于继续教育和成人教育范畴的课程班就非常多了。这些课程班面向社会上的各种人士，适应多种需要，课程等级也不同。这是现在国学教育中的一个大宗，说明我们现在社会的需求非常大。不同的从业人员，从经济到文化，都有对传统文化再了解的需求。

在这三个层次之外，还有一种以青少年为对象，以经典诵读为主要形式的国学教育。这个范围很广，从学龄前一直到中学，在不同教育阶段都加入了国学的内容。这其中又分"内生"和"外来"两种形式。一种是我们体制内教育自己加的，在现有的课程中抽出一部分时间，比如一周固定用一节课的时间学习国学课程。还有一种是属于社会办的讲座或其他形式，也对已有的教育体制有渗透和影响。

国学教育有不同层次、不同形式。这些层次和形式都是为了适应整个社会的需要。评价现有的国学教育，也要从不同角度、不同需要来看。

## 国学教育与公民教育

国学教育与公民教育，二者是有所区别的。公民教育是一个现代的概念，它提供的是一个公民面对政治生活所需要准备的知识和素质。国学教育则不一样，公民教育的传统在其中找不到。但是国学教育提供给青少年的一些道德教育内容，则不是公民教育可以涵盖的。

人在社会上，除了政治身份之外，在很长一个阶段中，主要是处于家庭与社区中。在家庭和学校中怎样与人交往，应该有怎样的行为规范，国学教育中，很多都与这些有关，当然《弟子规》等经典中可能有一些内容不适合现代社会。因而，从这个方面来看，狭义的公民教育与国学教育是不同的。但是我们现在的公民教育也包含了基本的公民道德素质这一面。因而广义的公民教育就与传统文化结合起来了。国学教育注重的是综合文化素质的成长。传统文化提供给青少年乃至成年人一种价值观和道德准则。公民政治意识的教育要靠公民教育，但是在道德文化、精神文明素质的培养方面，国学教育能够发挥作用。

## 国学教育与国学研究

国学教育与国学研究是不同的。国学教育大部分是普及性的。高等院校办国学培训班，中小学的国学课程都是以普及、推广为目的。不是说普及、推广不重要，但是这部分内容与国学研究有很大差别，包括人大、武大国学院的学生，他们本科的课程也与国学研究不同。

国学研究是学术性的、高深的研究。要瞄准每一个领域最高的水平，要有创新的眼光，甚至眼光要放到全世界。国学研究从任务到性质都与一般国学教育不同。这就要求研究人员要沉潜下来，踏实地、长久地做研究。

但现在国学教育与国学研究又产生了一种关联。近年来国学研究的队伍，发展壮大的势头并不是很强。所以现在整个中国文化研究的队伍还不是特别理想。而国学教育的市场需求太大，很多年轻的老师被吸引到其中。他们在各种"国学班"中讲很多课，占据了过多的研究时间，影响了研究的进度。

中青年学者是我们的希望所在，现在正是他们需要沉潜下来、好好做研究的黄金时间。但是过多讲这种普及性的课，录音整理一下就出书了，有些中青年学者为此还很自得。可以说，这些书并不是国学研究的精品，也不代表深入的国学研究。

"国学热"是好事，它营造了一种文化氛围，但是这种热潮怎样才能成为国学研究的支撑？这还应该好好研究。我想最好是请一些教学经验丰富、现在不在科研第一线的老先生，主要由他们去进行国学普及教育。中青年要在科学研究的第一线专注于研究。

## 建立国学研究机构的条件

建立国学研究院或者国学研究所，首先，要看传统，要看一个大学历史上有没有这样的建制。其次，建立国学研究院一般都要有在中国文化某一领域造诣很深或者很有成就的学者牵头担纲，不是每个学校都可以随便找到这样的学者。

另外，还要看一个学校综合学科支撑的条件，比方说北大，人文学科的体系很完整，做国学研究的条件就比较充分。而有些学校并不具备这样的条件。但是教育界确实存在一个毛病，不看需求、不问条件地"一窝蜂"跟上。这种跟风也不是教育部提倡的。

清华大学为什么成立国学研究院？因为清华的历史上有国学研究院，而且可以说国学院是清华早期品牌的一个基础。同时清华也有恢复文科建设的需要，厦门大学也是一样。清华也好，厦大也好，国学研究院都是学校历史上很重要的一部分。

倘若既没有历史传承的基础，又没有一流的学者，一个国学研究院很难办好。一个研究院，需要有拿得出手的高深研究成果，没有好的学者，怎么能拿出成果？盲目地你建，我也建，这是非常不科学的。

# 国学研究的现状

"国学研究"是中国人自己的称呼。外国人对国学研究的称呼叫"中国研究"或者"汉学研究"。虽然叫法不同，但内容是相通的，研究对象是一样的，有些方法也有相似的地方。

应该看到，外国学者对中国的研究是外国文化的一部分。这种研究是从外国人感兴趣的问题出发，以解决外国人的问题为目的，并且大量采用外国文化所通常采用的习惯和方法。这些研究虽然会给我们些许的启发，但是它与中国的国学研究是不同的。中国学者的研究以认识自己的文化为目的。所以二者是有差别的。但是在过去几十年的时间里，我们的研究往往跟着外国的汉学研究走，很容易产生一种迷信。

目前国学研究一方面要开放地吸收外国研究的成果，不能封闭；另一方面不迷信、不做它的俘虏，而是坚持中国文化的主体性。为什么叫"国学"？国学就是要突出中国人自己文化的主体性，突出中国人的眼光，突出中国人的想法。不能站在外国人的立场，用外国人的眼光看中国，外国人的眼光只能用作参考。所以我们有一个口号：中国主体，世界眼光。我觉得凡是做国学的人，心里都应该有这样一个标准。

从研究方法上来讲，我们也要深入了解世界。汉学家研究中国文化有成绩，可能是运用了好的人文学方法。但方法可能不是原创的，还可能不仅是第二手的，而且是蹩脚的。所以我们要从第一手资料入手，直接运用这些方法，来面对中国的材料，而不应该一味跟着汉学家走。当然现在世界汉学对中国的依赖性慢慢变大了。我们应该逐渐掌握世界汉学研究的话语权。

在世界范围内，日本学的研究以日本国内的研究为主导。我们的理想就是达到日本学的境界。一方面我们希望世界上更多汉学同行出现；另一方面也要加强自身的建设。使世界上的汉学越来越多受到中国研究的影响。这些现在还无法达到，但这应当是我们的目标。

2012 年

# 国学依然是社会伦理的长久资源

## 孔子的像摆到天安门广场，也没什么奇怪的

总体来讲，由 2010 年年初的《孔子》大片到国庆前夕北京孔庙举行 1949 年以来首次大规模的祭孔活动，再到 2011 年年初在天安门广场东侧、国家博物馆北门广场矗立的孔子雕像，这些事件跟最近十年以来的国学热有密切的关系。祭孔作为一个民间独立的活动，大概 20 世纪 80 年代中期已经在山东开始了。2004 年，曲阜举行了 1949 年以来首次公祭；2005 年，海内外三十多家孔庙联合祭孔；2006 年，曲阜、台北、台南孔庙举行"两岸祭孔大典"……

有关孔子雕像的问题，我觉得媒体有意地把它放大为一个新闻了。其实孔子雕像的位置不属于天安门广场的一部分，是在国家博物馆北面。国家博物馆的宗旨就是要展示中国历史文化，如果国博门前只能有一个人物雕像来作为标志的话，那当然就是孔

子了。毛主席早年曾讲，从孔夫子到孙中山，都要给予总结。孙中山的像，国庆时都摆到天安门广场的中心了，从这个角度来讲，孔子的像就是摆到天安门广场里头，也没什么奇怪的，这恰恰表明我们完整地贯彻了中国文化的理念。最重要的是，天安门广场文化，不能把它理解为仅仅是"造反有理"的文化。

对这件事情有两种反应：一种是台湾地区同胞和海外华人，他们反应很强烈，非常积极地肯定这个被放大的现象；另一种是很极端的反对的声音，这些人大部分不是年轻的愤青，而是老人，他们受到了以前"造反有理"文化的影响。

我可以分两方面来举例说明。在台湾地区方面，马英九2011年元旦致辞也是打中国文化牌，就是把台湾跟中国大陆相比，认为台湾地区的优势就是最完整地保留了中国文化。所以，孔子雕像经媒体报道后，台湾马上有反应，说大陆要主导中华文化的解释权和发展权，要主导中华文化复兴的话语权。这个对台湾地区来讲是一个挑战，但它不认为这是反面的。另外一种极端反应，就是受"文化大革命"思维的影响，受"批林批孔"的影响，全盘否定儒家。2010年我亲耳听到，北京有一位老教授，在大庭广众之下批评孔子学院，说办孔子学院就是我们到世界各地去帮助当地政府和统治者培养顺民。可见在他脑子里面唯有"造反有理"，这就是"文化大革命"的文化。一个国家给它的公民提供道德文化的教育，在他来看，只是在培养顺民。这个观点太陈旧了，事实上孔子不主张盲目地做顺民，而孔子学院主要是语言教学。

# 国学热是文化自信心的表达和现实的需要

1993 年，因为市场经济刚刚兴起，还没有充分发展，但那时已经有国学热的苗头了。真正的国学热是最近十年发生的。最重要的原因是 1992 年邓小平南巡以后，中国现代化的快速发展导致国民心理产生重要变化。

国民的文化心理跟 20 世纪 80 年代相比，已经完全改变了。20 世纪 80 年代时，我们是事事不如人。当时中国人在世界上取得一点点成功，就会变成全民族的大事，比如那时聂卫平赢一盘围棋，都会吸引全国人民的目光。那个时候，中国是输不起的，也找不到别的东西来支撑民族的自尊。

在那个年代，我们把所有的愤懑、怨气，都发泄在祖先身上。同样受中华文化的影响，日本和"亚洲四小龙"都是浸润了浓厚的东方文化的地区。韩国最明显，它同样继承了儒家文化，却比较顺利地走入现代化，这本身就是对那种把责任都推到传统身上的想法的反证。

从 20 世纪 90 年代中期以后，人们的文化自信增强了。特别是在民众中，成千上万的民营企业家们、普通中国人的文化认同感越来越强，从根本上来讲，这是国学热的起因。

从上述传统文化热现象可以看出，社会各个阶层日益重视传统文化的资源。从政府的层面来讲，我们可以看到当代中国政治文化的"再中国化"。现在对外宣传的"以人为本""与时俱进""以和为贵"等观念，都是运用中国传统文化的政治资源来加强它的合法性。当然不是说有了民间的国学热，才影响到中央，这是个互相联系、互动的过程。国学热虽然主要是民间形成的，但是政府也没说不提倡国学热，它在客观上推动了国学热，跟民间形成了共识。

国学热兴起的原因，除了现代化方面取得了成就这一背景外，最重要的是，在市场经济下，伦理和精神资源的高度匮乏造成文化真空，使得人民群众按照自己的需要和意愿完全转向传统文化。所以，国学热不仅仅是文化自信心的表达，它还反映了对现实需要的认识。甚至跟经济发展相关的管理智慧也主要是向中国式的管理寻找智慧。从某种程度上，在一个历史时期，企业家是最重视国学的，在中国做管理，不是用加加减减的数学符号来做的，需要学习如何在现实的中国式人际关系中去驾驭和调节，要有中国的人学理解和中国文化的人学智慧。

## 台湾可作大陆国学发展的借鉴

前段时间，某省教育厅发文要求中小学在开展国学经典诵读活动时要"取其精华，去其糟粕"，对此我的看法比较中庸，应该说这件事有其自身的理由，也不必责备。儿童的经典诵读活动，从总的方向来说，我是赞成的。现在的学校教育和社会教育没有比较集中地学习"如何做人"的主题。传统中国文化是从小孩子抓起，"做人"很重要，现在的教育把这些阶段全忽略掉了。

在周代有关礼仪的经典里，就已经很详细地规定了对儿童的这种教育。一直到清代，对小孩怎么教育，都是有一整套东西的。这套东西基本上是对少年儿童行为的一种训练，让他们学会自我约束并适应社会的礼仪，怎样从小学会在不同的范围内来扮演自己的伦理角色。现在我们体制内的学校教育不教这个，但是老百姓觉得这个东西还是很重要的，他们就需要这个东西。再比如说《弟子规》，它不仅对小孩重要，对青年也重要，甚至有些人认为对干部也重要，有些县级的党政部门就组织干部学习《弟子规》。在传统的文本中，人们所需要的那些价值其实早已经讲得很简练、很清楚了，因此他们可以直接利用这些资源。国学热的兴起，是现实的社会道德伦理和精神的需求。

台湾地区对传统文化还是非常重视的，一直确定"中华文化基本教材"以"四书"为核心，在高中实行传统文化教育。台湾的人际关系中重视情义。浓厚的中华文化的情义感、人情感在台湾社会是处处可见的。

台湾之所以能把中华文化，特别是在社会文化的层次，保存到今天，有几个方面原因：第一，从消极方面来讲，它没有经历过"文化大革命"对社会文化层面的习俗、传统、亲情的破坏。第二，就是它始终坚持在高中以前的教育中有以"四书"为中心的传统文化的教育（虽然这种教育他们也做过检讨，"四书"一变成课程，再有考试的话，它就会异化，但它的教育是有结果的）。在一般的老百姓的心目中，传统文化的地位没有被破坏。第三，就是在台湾传承中华文化的社会主体是比较多样的。

在台湾社会文化层面，保留了很多的传统文化。比如，对中国传统圣贤的尊敬，对圣贤的信仰之心，对很多传统文化符号的敬畏感等都还存在。香港也是这样，香港民间宗教里面也是保留了很多传统文化的东西。但是推动中华文化复兴的主导力量还是在大陆。

怎样把传统文化的精神、理念，包括它的素材，正大光明地引入到我们的教育体制，是值得思考的。比如日本，国家的教育有一个法令性质的文件《学习指导要领》，中国现在没有这个形式的法令。中国缺乏一种法令的形式，来规定传统文化及其价值在我们的教育中应该扮演怎样的角色。我们需要一些比较接近现实生活层次的道德文化，才能合理地建设社会的秩序。

# 传统文化支撑社会的主流价值

20世纪对儒学来说主要是冲击，但也有机遇，比如八年抗战时期是有机遇的。虽然抗战时文化氛围虽然是好的，但社会条件还是非常困难的，儒学处于困境之中。

八年抗战，全国民族意识高涨，对民族文化复兴要求也很强烈，20世纪儒家的重要的理论建设都是在这个时期，冯友兰、熊十力、贺麟的工作都是在这个时期开展的。今天有国学热的背景，新的机遇就来了。我们要抓住这个机遇，来实现儒学的复兴和发展。中华文化要复兴，当然内在地包含儒释道都要复兴。

传统文化肯定是待人处世的有效资源，不能说是全部，但它是相当重要的一部分。有一部分人，如老共产党员，用共产主义的理想支撑他的精神世界。大部分人，尤其是青年人，从别的方面难以找到这样的资源来撑持精神世界。现在社会文化是多样的，包括各种不同的宗教和文化。但仍然要有一个主流的文化，实际上，传统文化现在扮演了一个重要的角色。功利主义在当今社会不可避免。在经济活动中，个人需要有利益的计算和追求，但同时也有其他需求，与那些功利主义价值形成一种相互制约的关系。如果传统文化弘扬得好的话，对功利主义的那一面也能够起到良性的引导作用，使它不会超出必要的、经济活动的范围。

## 语言学习还谈不上软实力

对于孔子学院可否看作是中国传统文化复兴的标志这个问题，复兴我倒不敢说，这至少是中国政府对孔子在中华文化中的地位的一种肯定或认可。对孔子来说，这不是现在的中国政府给他的一个光环，而是对他在历史中早已有的、由历史所赋予的地位的重新认可，还是一个比较积极的认可。按照国际惯例，语言学院要用本国最有名的文化名人来命名，比如德国的歌德学院，西班牙的塞万提斯学院，都是用最有影响、最有代表性的文化伟人来命名。就这个方面来说，中文的海外学校，用孔子命名是最恰当的。对中国政府来讲，相对以往几十年来我们对孔子所抱的暧昧的态度，这是一个进步。我觉得语言也谈不上是软实力。软实力主要是讲文化里面的那些深刻的价值、审美。现在的汉语语言教学，对大多数国家来讲，是因为我们现在在世界经济上处于一个谁也不能忽视的地位，外国人必须要跟我们打交道，语言就是第一位的训练，所以没必要过于拔高。

2011 年

# 如何看待儒家文化与中国传统文化

　　一个时期以来，习总书记就中华文化的价值和意义作了多次重要的讲话，意义重大。习总书记的讲话受到广大群众和知识分子的衷心欢迎。但也应该看到，由于改革开放以前几十年对中国传统文化所作的全面批判，以及与传统文化彻底决裂的态度，影响了几代人的文化观念。特别是"文化大革命"和批林批孔运动中流行的错误观念，至今仍影响着许多人，包括一部分高级干部和知识分子。

　　改革开放以来，党的路线作了重大的调整，我们强调以经济建设为中心，发展是硬道理，而在传统文化的问题上，却没有完全"拨乱反正"，以致不少在思想、宣传、文化领域工作的高级干部和学者对传统文化的认识还停留在"文化大革命"时代的水平。而在这些错误认识中，一些人受"文化大革命"流行的"反儒""批儒"的观念影响最深。几年前，在国家博物馆前立孔子像所引发的议论等乱象就是实例。

如果说在传统文化的问题上当前要警惕什么，主要还是要警惕"文化大革命"思维对贯彻习总书记讲话的阻碍。因此，贯彻习总书记的讲话精神，在思想上、认识上统一到习总书记的讲话精神，将不会是一个短期的过程，但我们坚定贯彻习总书记讲话精神的决心不能动摇。以下谈几点有关儒家文化的看法，供参考。

## 儒家思想与中国文化的关系

儒家是传承夏、商、周三代文明的主要学派。儒家所传承的以"五经"或者"六经"为核心的经典体系，不是一家一派的，或某一种宗教的经典，而是一种文明的经典，即中华文明的经典。自汉代以来，儒家在治国理政、追求长治久安方面的基本观念被中国的历史所选择，受到普遍认同。这绝不是偶然的，对儒家思想的认同是以中国历史经验的总结为基础的，也显示出儒家的基本观念符合中华文化两千多年来发展的需要。

儒家思想代表了古代中国人的核心价值观，这套核心价值观是跟中国人的历史文化处境和生存条件相符合的。儒家的核心价值观和中国人生存的历史环境、历史条件、生产方式、交往方式是交融在一起的。中国长期处于农业社会，而且是一个乡村宗法共同体的社会，是以家族为主要形式的生活共同体；中国又是一个大一统的中央集权国家，重视统一、秩序和团结。儒家关于"齐家、治国、平天下"的理念符合古代社会、文化的要求。

儒家文化自古以来重视人的德性品格，重视德性的培养和人格的提升。它历来高度推崇那些有精神追求的、具有高尚道德品格的人士，孔子说"朝闻道，夕死可矣"[①]，把对真理和道德的追求看得比生死更重要；孔子又说"杀身以成仁"[②]，孟子说"舍生而取义"[③]，这都表明对道德信念的坚守和对道德理想的追求不受物质条件的影响，崇高、坚定的理想信念比生命还要重要。儒家的这种思想在社会上营造了崇德尚义的气氛。在追求精神境界的过程中，通过古代的精神文明规范体系"礼"，塑造了中华"礼义之邦"的社会面貌。

儒家因适合中国社会的需求而成为中国文化的主体部分。从先秦两汉开始，儒学就不断地传承中华文明的经典，并一直延续到19世纪后期。所以，儒家对中国文化的传承起了重要作用。如果我们从民族精神的角度来看，中华民族精神可以说是由不同的兄弟民族的文化共同构建的，但如果从中华民族精神的主导方面看，我们不能不说儒家的文化和价值在塑造中华民族精神方面起了不可替代的重要作用。

在中华民族五千年历史发展的过程中，必然有一伟大的力量寓于其中。这个力量是什么？就是我们的文化和我们的民族

---

① 　出自《论语·里仁》，本书中的古籍除特别注明其他出版社外，皆据中华书局版，
　　下同，恕不逐一注明出处。

② 　《论语·卫灵公》。

③ 　《孟子·告子上》。

精神，它是给了中华民族伟大生命力和凝聚力的内在的东西。其中最核心的就是中华文化中的价值观体系以及我们的民族精神。

儒学奠定了中国文化的核心价值与道德规范。在历史上，儒学不仅在传承、发展中华文明方面发挥了积极作用，而且在增强中华民族的生命力、凝聚力方面也发挥了主要作用。在塑造中华民族的民族精神方面儒学也起了不可替代的作用。这些已经成为学术界的基本共识。

在很大程度上，儒家创始人孔子已经成为中华文明的精神标志。这是孔子两千多年来很自然地就获得的历史地位。因此，如何对待孔子，是一个涉及到民族文化的、具有根本性的问题。习总书记的曲阜讲话高瞻远瞩、立场鲜明，具有重大的现实意义。

## 儒家思想与现代文明的关系

近代以来的中国历史的主题是现代化，单靠中国传统文化不可能完成这一任务，单靠中国传统文化也不能实现中华民族的复兴。但这绝不等于说只有打倒中国传统文化，才能实现现代化，才能实现民族复兴。中国传统文化虽然没有自发地引导中国走入近代化社会，但中国传统文化不必然与模拟、学习现代的政治、经济制度有冲突，东亚各国在学习现代化中的成功事例就是证明。

如果从科学与民主来看，孔子本来非常重视好学、博学，宋代以来的儒学特别强调"格物致知",这些都为近代中国接受、引入西方的科学奠定了基础。在中国古代历史上,儒家的民本思想,虽然并未发展出民主政治,但在价值观上它是可以通向民主的。中国近代以来的历史证明儒家思想与科学、民主并不冲突,它们是可以融合的。尤其是二战后,东亚儒学文化圈内各国经济的起飞,以及中国经济20世纪90年代以后的高速发展,都证明了后发现代化国家并不需要先经过文化的自我革命才能实现现代化,受儒家文化滋养的社会完全有能力在开放的空间实现现代化。

尽管儒学不是鼓吹革命的意识形态,儒学也不是启动改革的精神动源,但深受儒家文化熏陶的人士也重视改革开放和现代化。近代以来的儒家士大夫,如林则徐、魏源、曾国藩、左宗棠、张之洞、康有为、谭嗣同等都是主张改革的仁人志士。百年来,追求救国救民、追求民族复兴的人往往都在其人生中践行了儒家倡导的精神价值。更重要的是,儒学是探求治国安邦、长治久安的思想体系,这一特点使儒学重新显现出其长久的意义和价值。

正如社会学家所指出的,现代文明内在地包含了价值理性和工具理性之间的紧张关系。现代文明的突出特色是工具理性的发展,市场经济和功利主义成为主导,价值理性则相形见绌,逐渐萎缩。因而与一切古代文化传统(如基督教、佛教传统)一样,儒家思想与市场化和功利主义的现代化文明是有冲突的。

在中国,现代的市场经济与商业化趋势,已经导致个人主义、功利主义、拜金主义、消费主义等迅速扩张。儒学的价值理性正好可以适应现代社会对道德规范和精神文明的要求，改善社会的伦理生活与精神生活，使现代化发展趋于文化上平衡、结构上合理、伦理上适宜，为现代化强国提供适当的人文环境。因此，儒学对现代化的作用主要不是工具意义上的助推，而是倡导与现代化市场经济相补充、相制约的伦理价值和世界观。

中国传统文化在当今的重要意义，除了确立民族文化根源和传承发展文化以外，主要不是推动全球化、现代化的进程，而是在社会层面上满足社会秩序、伦理、文化、心灵的需要，在建设社会的精神文明上发挥作用；在政治层面上探求以中国传统文化为基础来构建共同价值观，增强国家的凝聚力，积极地运用中国文化的资源来重建和巩固政治合法性。

社会转型需要一种与以前的时代不同的意识形态。在现代化市场经济发展的同时，社会道德秩序和个人安身立命的问题日益突出，市场经济在当代中国的发展带来了人与人关系的新变化。与其他外来的文化、宗教相比，在稳定社会人心方面，传统文化提供的生活规范、德行价值及文化归属感，起着其他文化要素所不能替代的作用。

在心灵的滋养、情感的慰籍、精神的提升、道德的指引方面，中国传统文化为当代市场经济社会中的中国人提供了主要的精神资源。在心灵稳定、精神向上、行为向善、社会和谐等方面，发挥了重要的、积极的、引导作用。文化有自己的价值领域，那种把文化问题总是联系到现代化、全球化的单一思维应当改变。

## 儒家文化的精华和糟粕

传统文化不是包治百病的药方，传统文化也不能解决我们现实生活遇到的一切问题。传统文化只是我们的文化根基，在其基础上如何建构起适应人民需要的现代政治、经济、法律、文化体系，发展政治文明，实现持续的经济增长，健全法制生活，促进文化繁荣，需要全社会的、创造性的努力。同时，也需要通过适时的引导，帮助人民分辨传统文化中的精华与糟粕，分辨永久的价值与过时的东西，使传统文化的资源能够结合时代的要求，发挥更大的作用。

所谓中华文化的精华，就是传统文化中"跨越时空、超越国度、富有永恒魅力、具有当代价值"的部分，具体内容在习总书记2014年9月纪念孔子诞辰2565周年国际学术研讨会暨国际儒学联合会第五届委员大会开幕会上的讲话中已经概括为15个方面，相当全面。

关于儒家文化，需要补充讨论的有两点：

第一是标准问题。我们常说以科学的、民主的、大众的特征作为区分精华和糟粕的标准，其实这是片面的。中国传统的道德文化、道德美德和美学价值等，既不是科学，也不是民主，都不能在这种标准下被肯定，但它们都包含着超越时代、地域的文化精髓。

第二是糟粕问题。如果从当代社会生活的角度看古代文化，古代社会所讲的"三纲"，即君为臣纲、父为子纲、夫为妻纲，已经属于过时的糟粕；古代制度中的尊卑之别，其中体现在长幼、上下的法律上的不平等是过时的糟粕；古代文化中以男性为中心而歧视妇女是过时的糟粕；古代道德中要求妇女严守贞洁的规条是过时的糟粕。

传统文化中的精华要大力弘扬，以满足我们今天的社会文化需要。但是，传统文化中的糟粕，如"三纲"等，在现实生活中早已经不存在而且没有什么影响。因此，我们今天并不需要去强调传统文化的糟粕是什么，主要应该加强正面宣传，加强爱国主义和民族精神的教育，引导人民树立并坚持正确的历史观、道德观、国家观、文化观，增强文化自信，做有骨气中国人。

应当注意的是，近代以来儒家文化中一些有争议的文化观念不能简单说成是糟粕，这些观念更多的是属于价值偏好和文化偏重的范畴。儒家学说中往往强调了一些方面，而不重视另一些方面，从而受到了一些当代人的批评。如从当代文化的立场看，儒家强调群体高于个人是正确的，但忽视个人是缺点；儒家强调义务先于权利是对的，但忽视权利是缺点；儒家强调责任先于自由是对的，但忽视自由是缺点；儒家强调道德教化是对的，但忽视法治是缺点，等等。

古今中外每一个思想体系都是如此，都有其重视和忽视的东西。所以，我们不能只用区分精华与糟粕的简单方式来认识传统文化的复杂性。合理的做法是，对某家某派学说大力发挥其积极的一面，同时用不同的方式来补充其忽视的另一面，这也是创造性转化和创新性发展。

改善对儒家文化的人们的措施认识，首先，是加强制度建设，如加强了法治建设，强调儒家的道德教化就不会发生偏向。

其次，就是在实践上把儒、墨、道、法等多元的文化元素综合起来，让各种文化互相补充、互相作用，而不是独尊一家、排斥其他，这样就能整体地发挥传统文化的积极作用。但是，在理论上仍要确认传统文化的主流价值以儒家为代表，这既是中国历史的事实，也是中国历史的经验；与现实的具体操作不同，普遍性的道德价值和理想必须永远被置于首位，因为它代表了人类社会的理想，也是人性的内在要求。

最后，儒家思想不是一成不变的，它也是发展的，与时俱进的。20 世纪 30—40 年代的儒家思想家都致力于把传统文化和现代观念结合起来，寻求二者的融合，今后的儒家思想发展也必定如此。

2018 年

# 中日韩的儒学气质与国民精神

  同为亚洲国家，中、日、韩三国有着许多共同点，但在精神气质上却明显不同，尤其是在国家观、人生观上，可以说差异很大。

  从地理来讲，日本是一个岛国，韩国是半岛国家，跟中国地理条件不一样。由于地理、历史、社会条件不同，中国、日本、韩国的儒学形成各自的个性和特色。以汉字为基础、以汉文的典籍体系为主要内容的中华文化很早就传播到东亚邻邦。在漫长的历史、文化发展过程中，由于各民族的传统不同，精神气质不一样等造成了文化的差异。比如秦汉时的朝鲜半岛和日本列岛，其历史和社会发展方面以及文明程度上就不如中国。

  一般来讲，很多学者认为，在理论形态上看，韩国儒学可能关注的是一些比较抽象性的讨论。16、17世纪（相当于中国明朝中后期），"四端"和"七情"等问题成为讨论的热点，"四端"是人的道德感情——仁、义、礼、智；"七情"是喜、怒、哀、乐、爱、恶、欲。因此，很多人认为韩国的儒学可能是比较注重发展内在性的、心理方面的，或者比较抽象的东西。

日本儒学比较注重发展外在性的东西。比如日本江户早期的儒者贝原益轩就比较注重对外在事物的研究，诸如对花草树木等自然界的事物进行研究。另外，19世纪中期，荻生徂徕比较注重政治学的研究。

我们这里想讨论的问题是在19世纪中叶以前，中、日、韩社会跟西方还没有全方位的接触以前，三国的儒学特别是他们的精神气质是什么？或者说三国儒学里体现的文化精神是什么？精神气质换一个角度叫价值类型，就是一个文化里把什么价值看得最重要。比如一个社会把自由看得最重要；另一个社会把平等看得最重要，这两个价值体系就不一样。所以我们关心在中、日、韩儒学结合本地的历史文化传统发展以后，它的精神气质各自有什么特点，各自的价值类型有些什么表现。

中国的儒学推崇"仁恕"之道；日本儒学更突出"忠"的价值；韩国儒学更加注重"义"的精神。简单来讲，如果把仁、义、礼、智、信这五德作为儒学代表性的价值，在中、日、韩三国儒学中都受到普遍的提倡。但因为历史、社会、传统的制约，不仅三国儒者的精神风貌不一样，而且每个社会里面儒学的价值系统和其支配性的原理也有所不同，从而使这三个国家儒学的精神气质呈现出不同风貌。

中国的儒学虽然也提倡"义"，也重视"忠"，但更推崇的是"仁恕"之道。日本儒学虽然也讲"仁"与"义"，但比起中国、韩国,更突出"忠"的价值。韩国儒学虽然在理论上兼重仁、义、礼、智、信、五常,但从士祸的历史、从外患的历史看,比较而言,韩国更加注重"义"的精神。这些不同也体现在三国各自近代化的进程之中。

中国的儒学把"仁恕"变成一种普遍主义的价值原理,一种对仁爱等平等价值的追求,因此在近代对西方近代文明半信半疑。中国人有悠久的文明历史,秉持仁爱这一价值观。在中西文明的冲突面前,中国人很难坦然承认在"文明"上是落后的。这一切决定了中国人不会像日本人那样不顾一切地去拥抱西方文化。近代中国人总是对西方的文明、理念有很多的怀疑,但是既然打不过西方,又得跟它学,在这样一个过程中造成了现代化进程的迟缓。

日本的儒学因为突出"忠"和"勇"的价值,在接受近代文明方面较少受到价值的阻碍,对帝国主义没有根本性的抵触情绪。所以在价值方面,在接受西方所谓近代文明的时候,日本人唯西方列强马首是瞻。同时,因为日本文化突出的是特殊主义的价值原理,就是对君主的特殊主义的承诺,胜过了对普遍价值即自由、平等、正义等价值的承诺,这使得日本最终付出了代价。

韩国充满"义节"精神的儒学,可以说造就了韩国近代民族的主体性。韩国的民族主义非常强烈,这不仅仅是在最近一百年才形成的,跟它自古代以来强调"义节"的精神有关系。因此,"义节"精神对近代民族国家的形成和发展起了一种促进的作用。

　　总之，可以说"仁"包含的是一种和谐原则；"义"所凸显的是正义原则；"忠"体现的是秩序原则，这些原则应该是现代东亚社会任何一个国家都必需的。因此从这个角度来讲，在当今东亚国家和地区，中、日、韩三国如果就历史文化传统来讲，都应该在进一步反思传统的优点和缺点的同时，能够吸取其他民族和地区的优点。取长补短会使每一个国家在精神成长和发展方面能够更完善，这样也有利于增进中、日、韩三个国家间的互相了解，有助于共建一个和谐的未来。

2018 年

# 儒学复兴的条件

　　儒学的复兴，我觉得有两个条件：一个是理；另一个是势。"理"的条件就是对理的阐明，对儒学义理、价值所作的阐发，这对儒学的复兴是很重要的。"势"的条件就是势的累积，没有一定的运势的累积，儒学复兴也就不能成为现实。"理"的问题大家谈了很多，下面我仅就儒学复兴的"势"的条件，从四个方面来说明，这四个方面的顺序是依照历史的发展来展开，而不是从重要性来展开。

　　第一点是政府的推动。从"文化大革命"时期批林批孔结束以后，在1978年，政府做了一件事，因外国人要参观"三孔"（曲阜的孔府、孔庙、孔林），政府要求《历史研究》组织学者写一篇给孔子平反的文章。但是，在当时学者的心目中，觉得这件事还是非常严重的，受命主笔的庞朴先生当时有句话说，这个写不好是要掉脑袋的。这篇文章写好后回避了各方面的冲突，突出了孔子作为一个伟大教育家的地位。这是在1978年的夏天第一次出现了一篇拨乱反正的文章。在这一事件的推动下教育界也发生了相应的变化，年初时，中学历史课本还写"反动的孔老二思想"，在这篇文章出现的前夕，已经改成了"孔子的反动思想"。在十一届三中全会后，1978年年底时教材改了题目叫"孔子的思想"。1983年，政府推动了中国孔子基金会的成立，1984年，它正式开展活动。在1985年、1986年之后，包括杜维明先生在内的许多学者参加了其中的重要活动。1989年，在孔子基金会主办的纪念孔子诞辰2540年大会上，时任国家主席的江泽民同志出席活动并发表讲话，他的讲话从正面肯定孔子及其思想的地位和意义，从政府最高层奠定了基调。政府的理性推动，可以为儒学的复兴创造有益的环境。

第二点是知识群体的文化自觉。孔子的平反和儒学的复兴还不是一回事。孔子的平反没有遇到很大障碍，庞朴先生写那篇文章后，每一年都要写一篇对孔子评价的讨论综述，我们可以看到，虽然有学术上的不同意见，但孔子地位的恢复平反并没有大的反对意见。但是孔子的平反不等于儒家的平反。20世纪80年代里有一种议论——要回到孔子，这听起来不错，但其主张是，整个儒学传统里只有孔子是对的，后来儒家讲的都是错的，所以要把后来的儒家都反掉，仅仅回到孔子。这样一种对儒学的态度是有问题的，虽然孔子的地位得到保存，但是如果否定了两千多年来儒学传统的发展，那么孔子的权威、思想和影响也无法确立。1985年，杜维明先生来到北大作讲座，社会上把他的口号归结为"儒学的复兴"。在这之前没有一个人提到"儒学的复兴"。在"文化热"的热潮中，讨论分成好几派，其中有一派就是杜维明先生所主张的"儒学的复兴"，因为当时他是"外来的和尚"，大家尊敬他，但心里觉得"儒学的复兴"只是一个遥远的梦想，根本没有实现的可能性。

　　除了政府的推动作为必要的条件，知识群体的文化自觉是关键。政府的作用是基础，是创造一个环境，但是知识分子群体有没有对儒学的正确认识，这是一个关键。一百年来，真正对儒学进行大加批判而使儒学很难复兴的，其实很多地方不是政府的阻碍，而是知识分子的文化观念在五四以来没有得到很好的清理。在20世纪80年代，我们看到传统和现代完全对立。否认价值传统的连续性及其对现代化社会生活的重要意义，这一点在20世纪80年代以来非常突出。1991年，我在香港《21世纪》杂志发表了一篇文章，其中有一段话："儒家思想在20世纪知识分子的文化、启蒙、经济功能、政治民主等全方位的批判中，经历了两千多年来最为严重的考验。但站在21世纪，在即将走过的今天，放眼儒学文化的未来命运，没有理由悲观。相反，我确信经历了百年以来的挑战和冲击之后，儒学已经走过了它最困难的时刻，已经走出了低谷。随着儒家文化地区的强劲发展，儒家思想必然随之重新活跃。"我的依据是20世纪90年代初知识分子开始沉静下来，知识分子开始自我反省，重新认识中国文化和儒学价值，虽然这在当时还只是很少的人。到了1995年年中《孔子研究》发表了多位学者的文章，公开抗争主流左派对孔子儒学和中国文化的批判态度，文化自觉在知识群体中慢慢扩大开来。

第三点是社会文化的重建是一个重要条件。20 世纪 90 年代以后，中国传统文化的复兴在中国处处可见，出现了和儒学有关的各种讲堂、学堂、书院、讲习班和诵经班。在今天的特殊场合，我只提出几个新世纪以来与孔子有关的文化重建的标志性事项。2000 年，前卫戏剧导演张广天在北京推出了《圣人孔子》舞台剧，预示了商业化时代民众对孔子的呼唤。2004 年第一个孔子学院建立，到 2011 年全世界已经有三百多所孔子学院了。2005 年山东省政府主办了孔子公祭，后来发展为海内外华人全球公祭。2006 年中央电视台百家讲坛由于丹讲孔子和《论语》，在全国掀起了学习《论语》的文化热潮。2007 年文化部与地方政府推动"世界儒学大会"并颁发"孔子文化奖"。2008 年奥运会开幕式以孔子门人六艺表演为首。2009 年学者联名要求以孔子诞辰日为教师节。2010 年《孔子》电影在全球上映。2011 年孔子塑像出现在国家博物馆的门口。社会文化的重建是对儒学复兴的一个重要的支撑。没有这一点，我们很难迎来今天儒学的复兴。

第四点是中华民族的整体复兴。政府推动是环境，知识群体是关键，社会文化是基础，而儒学的复兴最根本的整体性条件则是中华民族的复兴和重新崛起，换句话说，中国现代化的成功和经济的迅猛发展是文化复兴的根本条件。中国现代化的进程自 20 世纪 90 年代以来快速发展，导致了国民文化心理的改变。当现代化进程驶入快速发展的轨道，经济发展取得成功之后，国民的文化自信逐渐恢复，文化认同也随之增强。当代的国学热表明中华民族自我意识的觉醒，体现了民族自尊与自信的增强，振奋了民族精神。开启了民族文化自觉、文化自信的新时代。中华民族的复兴运势是儒学复兴的历史根基。

2012 年

# 儒家文明的价值

　　轴心时代的儒家文明延续了夏、商文明与西周人文思潮的发展，系统提出了文明的价值、德性，其中最主要的价值与德性都是针对人与他人、人与社群的关系而言。就其偏好而言，儒家文明特别重视仁爱、礼教、责任、社群价值，这些价值经过后世哲学的阐发更显示出其普遍的意义。

　　第一是仁爱。众所周知，儒家思想最重要的道德观念是"仁"。仁是自我对他人的态度，对他人的关怀、爱护，或对他人施以恩惠，故《国语》有"言仁必及人"的说法。从文字来说，中国东汉时期的字典《说文解字》解释"仁"字说："仁，亲也。从人二。"这说明仁的基本字义是亲爱。清代学者阮元特别强调，仁字左边是人，右边是二，表示二人之间的亲爱关系，所以一定有两个以上的人才能谈到仁，一个人独居闭户，是谈不到仁的，仁是人与人之间的相互关系。阮元的这一讲法是对仁的交互性特质的阐示。孔子以仁为最高的道德观念，孔子和孟子都强调仁者爱人，仁在孔孟思想中已经成为普遍的仁爱，超越了对双亲或对某些人的爱。当然，仁是爱，但爱不必是仁，因为爱如果是偏私的，则不是仁，仁爱是普遍的、公正无私的博爱。事实上，孟子更把仁扩大为"亲亲—仁民—爱物"，仁爱的对象已经从社会伦理进一步扩展到人对自然的爱护。中国的儒学始终把仁德置于道德体系和价值体系的首位。

仁的原始精神是要求双方皆以对方为重而互相礼敬关爱，即以待人之道来互相对待，以待人接物所应有的礼貌和情感来表达敬意和关爱之情，展现了"仁"字中所包含的古老的人道主义观念。儒家则将之扩大为博爱、仁慈的人道伦理，但"仁"并不主张单方面主观地表达自己的感受，而必须尊重对方。现代新儒家的代表梁漱溟，把儒家文化的伦理概括为"互以对方为重"，正是发挥了儒家传统仁学伦理的精神。因而，仁的实践有其推广原则，解决如何推己及人，这就是忠恕之道。其中恕即是孔子所说的"己所不欲，勿施于人"①，它可以保证因尊重对方而不会把自己的爱好强加于他人，这在当今时代已经成为全球伦理的普遍原则。

第二为礼教。古代儒家文明被称为"礼乐文明"，礼在古代儒家文化中占有重要的地位。孔子强调，礼的实践是行仁的基本方式。儒家思想是东亚轴心文明的代表，而轴心时代的儒家思想可以说与"礼"的文明有极为密切的关系。西周的礼乐文

---

① 《论语·卫灵公》。

明是儒家思想的母体，轴心时代的儒家以重视"礼"为其特色，充满了礼性的精神。礼性就是对礼教的本性、精神、价值的理性肯定。

在儒家看来，道德是在人与人交往的具体行为中实现的，这些行为的共同模式则为礼。礼是相互尊重的表达，也是人际关系的人性化形式。当然，古代历史文化的"礼"包含多种意义，古代礼书所载，更多地是属于士以上贵族社会的生活礼仪，规定着贵族生活与交往关系的形式，具有极为发达的形式表现和形式仪节。"礼尚往来"这一古语说明古礼是从祭祀仪式脱胎而来并逐步发展为西周的交往关系的规范体系。比较而言，古老的《仪礼》体系更多属于古代贵族生活的庆典、节日、人生旅程、人际交往的仪式与行为的规定。而后来的《礼记》则强调"礼义之始，在于正容体，齐颜色，顺辞令"①，把礼作为行为规范体系，强调容貌、颜色、辞令的规范和修饰是这一规范体系的基础，也是礼仪训练的初始之处。古礼包含大量行为细节的规定，礼仪举止的规定，人在一定场景下的进退揖让，语词应答、程式次序、手足举措都必须按礼仪举止的规定而行，显示出发达的、行为形式化的特色。这些规定在一个人孩提时起开始学习，并成为一种自律的艺术，而这种行为的艺术在那个时代是一种文明和教养。子夏甚至说："君子敬而无失，与人恭而有礼，四海

————————

① 《礼记·冠义上》。

之内，皆兄弟也"①。做到了恭敬有礼，才能四海之内皆兄弟，达到人际关系的和谐。

历史表明，礼之"文"作为形式是可变的，它随时代环境而改变；礼之"体"则是不变的基本精神原则。可以说，几千年来，儒家文化培养了一种"礼教精神"，它起源于祭祀礼仪，而渐渐从宗教实践中独立出来成为社会交往之礼；它通过各种礼俗表达一种人文主义的礼性精神。这种礼性精神是超越了具体仪节的普遍精神。礼的文化包括三个层面：礼的精神、礼的态度、礼的规定。我们可以说，儒家文明的"礼"是以"敬让他人"为其精神，以"温良恭俭让"为其态度，以对行为举止的全面礼仪化修饰与约束为其规定的文明体系。无论如何，礼不仅对个人修身有其意义，更有提升社会精神文明的作用。在国与国的关系上，"好礼"则体现了尊重其他国家和人民的行为方式。

第三为责任。古代儒家的德行论非常发达，在春秋战国时代已形成完整的体系。其中忠、信、仁、义、孝、惠、让、敬，都是个人与他人、社会直接关联的德行，这些社会性德行的价值取向，都是要人承担对他人、对社会的责任，如孝是突出对父母的责任；忠是突出尽己为人的责任；信是突出对朋友的责任等。责任是相对权利而言，责任取向的德行不是攫取个人的权利，古代儒家的道德概念"义"往往包含着责任的要求。在儒家思想中，个人与他人、群体存在连续的关联性，人在这种

———————————

① 《论语·颜渊》。

关系之中必须积极承担责任，以自觉承担责任为美德，以此来维护和巩固这种关系。责任心是儒家文化着力培养的人的普遍心理意识。

在儒家文化中，个人不是原子，是社会关系连续体中的关联性的一方。因此，注重的必然不是个人本位的立场。在个人与其他对象结成的关系中，人不是以权利之心与对象结成关系，而是以责任之心与对象结成关系。个人与他方构成关系时，不是以自我为中心，而是以自我为出发点，以对方为重，个人的利益要服从责任的要求。人常常为责任的实现而忘我，不计个人得失，责任往往成为个人的社会实践的重要动力。这样的立场就是在人际关系中的责任本位的立场。由于个人是在社会关系网中的个人，个人与多种对象结成各种关系，因此个人的责任是多重的，而不是单一的，个人有多少角色，就相应地有多少责任。儒家思想始终强调责任的严肃性。

第四是社群。人在世界上不是独立生存的，一定是在群体之中生存、生活。人的价值也一定要在社群生活中实现。社群中，超出个人的最基本单位是家庭，扩大而为家族、社区，以及各级行政区划，如乡、县、府、省，直至国家。儒家文明特别重视家庭价值，家庭是第一个从个人向社会发展的层级。显然儒家文化的主流思想不强调个人的权利或利益，认为个人价值不能高于社群价值，社会远比个人重要，而强调个人与群体的交融，个人对群体的义务，强调社群整体利益的重要性。虽然儒家思想在古代并没有抽象地讨论社群，更多地用"家""国""社稷""天下"等概念具体地表达社群的意义和价值，其所有论述，如"能群""保家""报国"等都明确体现了社群安宁、和谐、繁荣的重要性，强调个人对社群团体和社会的义务，强调社群和社会对个人的优先性和重要性。"以天下为己任""天下兴亡匹夫有责""苟利国家生死以"等，都是中国儒家文化所倡导的士大夫的行为准则，并在民间有深刻的影响。在表现形式上，对社会优先的强调还往往通过公、私的对立而加以突出，"公"是超出私人的，指向更大社群的利益。如个人是私、家庭是公；家庭是私，国家是公等等。社群的公、国家社稷的公是更大的公，最大的公是天下的公道、公平、公益，故说"天下为公"。

总之，儒家伦理不是个人本位的，而是在一个向社群开放的、连续的同心圆结构中展现的。个人—家庭—国家—世界，从内向外不断拓展，这使儒家伦理包含多个向度，从而确认了人对不同层级的社群所负有的责任。

轴心时代儒家文明形成的基本价值成为主导东亚文明发展的核心价值。经过轴心时代以后两千多年的发展，儒家文明形成了自己的价值偏好，举其大者有四：责任先于权利；义务先于自由；社群高于个人；和谐高于冲突。

儒家文明的价值与现代西方价值之间存在很大差异。如现代西方自由主义的原则是个人的权利优先，人人有权根据自己的价值观从事活动，认为拿共同的善的观念来要求所有的公民，违背基本的个人自由。而儒家和世界各大宗教伦理则都强调社会共同的善、社会责任、热心公益事业的美德等。社群与个人，责任与权利是两种不同的伦理学语言，反映着两种不同的伦理学立场，适用于不同的价值领域。伦理学中的社群——责任中心的立场，即它应当在表明赞同自由、人权的同时，不含糊地申明它不赞成个人权利优先的伦理立场。

面对现代化的社会转型和世界的变化趋势，毫无疑问，我们应当坚持和守护人权宣言中的所有要求，并努力使之实现。但是，这不意味着自由、人权是最重要的价值，或伦理仅仅是为个人人权提供支持。应当指出，在伦理问题上，权利话语和权利思维是有局限的，是远远不够的，权利中心的思维的泛化甚至是当今众多问题的根源之一。权利话语又往往联系着个人主义。把个人权利放在第一位，认为个人权利必须优先于集体目标和社会共善，站在这样的立场，个人的义务、责任、美德都很难建立起来。权利优先的主张只是强调保障人的消极的自由，而不能促进个人对社会公益的重视，不能正视社会公益与个人利益的冲突。社群和责任立场要推进的是建设有积极意义的价值。20 世纪的新儒家梁漱溟以中国文化的代表自任，以"互以对方为重"的责任立场反对以个人主义和权利观念作为人生根本态度，这在本质上也可以说是反对以自由主义作为人生的根本的伦理原则。梁漱溟"以对方为重"的伦理观，或者说由梁漱溟所阐释的儒家伦理，确实与突出主体的意识，以及与"交互主体性"观念不同，是一种以"他者"优先为特征的伦理。在这种伦理中，不仅突出了对他者的承认，也强调了对他者的情谊、义务和尊重，这种尊重不是交互意义上的，而是不讲前提条件的"以对方为重"。

在西方主流文化中，人权是每个人都需要的、对其政府提出的道德、政治要求。在这里，个人的权利要求即是政府的责任和义务，故人权观念只涉及了政府的责任，却无法界定个人对社会、家庭、他人的义务和责任。这样的权利观念是西方近代以来的自由主义哲学的核心，是近代市场经济和政治民主进程的产物。但由于把焦点集中在个人对社会的要求，往往忽视个人对社会的责任，集中在个人对自己权利的保护，而忽视了个人也具有尊重他人权利的责任。

作为东亚文明的核心，儒家伦理的价值，在现代社会有不同的表达形式。例如，在现代东亚世界，新加坡"亚洲价值"的说法即是其中之一。新加坡"亚洲价值"的提法虽然可能受到有关亚洲文化包括西亚、南亚文化的质疑，不过，按李光耀的解释，亚洲价值主要是指东亚受儒家文化影响的价值体现。这些"亚洲价值"是东亚传统性与现代性的视界融合中所发展出来的价值态度和原则。这些原则植根于东亚文化、宗教和精神传统的历史发展，这些原则又是亚洲在现代化过程中随机应变地面对世界的挑战，剔除传统不合理的要素，适应亚洲现代性经验所形成的。"亚洲价值"被概括为五大原则：一、社会、国家比个人重要；二、国家之本在于家庭；三、国家要尊重个人；四、和谐比冲突有利于维持秩序；五、宗教间应互补，和平共处。

这五项原则中不仅有东亚的传统价值，而且也有百年来吸收西方文明和建立市场经济、民主政治过程中产生的新价值，如尊重个人。因此，所谓"亚洲价值"并不是说它的价值体系中的所有要素只有亚洲性。现代亚洲的价值与现代西方的价值的不同，不是所有的价值要素都不同，而是价值的结构、序列不同，价值的重心不同。质言之，这是一套非个人主义优先的价值观，是新加坡版本的、亚洲现代性的价值观，也是新加坡版的现代儒家文明的价值观。其核心是，不是个人的自由权利优先，而是族群、社会的利益优先。不是关联各方冲突优先，而是关联各方和谐优先。这种社群利益优先的价值态度，不能用作压制人权的借口，它要靠民主制度和尊重个人的价值实现人权的保护。而与现代西方价值的不同在于，这种价值态度要求个人有义务与责任心，这种义务和责任心与社群的基本共识和共享价值是一致的。当然，新加坡的伦理还不是现代儒家伦理的全部，如现代儒家伦理除了强调社群价值和责任之外，还要求人保持传统的美德，认为这种美德既是人性的体现，又是社会普遍利益的升华。这种价值除致力于社会和谐之外，也致力于人与人、人与社会、文化与文化、人与自然的共生和谐等。更重要的是，即使是社会价值，现代儒家仍必须以仁为首位，这是与李光耀作为当政者的视角有所不同的。

仁爱原则、礼教精神、责任意识、社群本位都是与个人主义相反的价值立场。由此发展出的协同社群、礼教文化、合作政治、王道世界是当今世界需要的价值立场。协同社群突出社群的意义，以对治个人主义；礼教文化突出道德意识，以区别律法主义；合作政治突出合作的政治沟通，以有异于冲突的政治;最后，王道世界是一种与帝国主义强力霸权不同的天下秩序。这四点都以仁为核心，仁是以相互关联、共生和谐为内容的基本原理，是与西方近代主流价值不同的普遍性文化原理。在当今社会它可以与西方现代性价值形成互补。

2017 年

# II

## 从国学中汲取精神力量

儒学对现代化的作用主要不是工具意义上的助推,而是坚持倡导与现代化市场经济相补充、相制约的伦理价值和世界观……

# 中国哲学：话语体系与未来走向

　　虽然在胡适以前，中国已经出版过以《中国哲学史》为名的著作，但在学术史上，大家都认为 1919 年出版的胡适的《中国哲学史大纲》是中国哲学学科创立的标志，也是中国哲学研究话语向近代转变的标志。

　　关于这一点，当时的人们是怎么看的呢？以蔡元培为例，在蔡元培为胡适的《中国哲学史大纲》所写的序中，他提出胡著的四个特色：一、证明的方法，就是用汉学方法审查史料、时代、真伪；二、扼要的手段，就是截断众流，孔、老以前都不讲；三、平等的眼光，就是不以儒家为正统，诸子各家皆平等看待；四、系统的研究，就是排比时代的叙述方法，以展示历史的发展进程。在蔡元培所提的这四点里，前三点所讲的方法，其实是胡适的前辈章太炎也完全能够接受的。就平等的眼光而言，清代的诸子学已经着力提高诸子的地位，章太炎也是继承了清儒的传统。而第四点，其实是就撰著的形式而言，所以蔡元培说，编成系统不能不依傍西人的哲学史。可以说，蔡元培的四点归结起来，即汉学的功夫加西学的形式。

冯友兰在《三松堂自序》里认为，除了蔡元培所说之外，时人认为胡适的著作最特别的是，旧书引原文大字顶格，而胡适的著作自己的话正文顶格，引古人的话小字低一格。这是与传统书写大不同的。冯友兰也提到这是一部用白话文书写的著作，但并没有在这点上大做文章。总之，胡适、冯友兰谈到这部书，都没有提及话语转变这类问题。

有意思的是，胡适晚年的自传，大谈其文学的白话写作，大谈《说儒》、神会和尚，竟然没有提及这部《中国哲学史大纲》！当1957年《中国哲学史大纲》在台湾以《中国古代哲学史》之名出版时，胡适在一处竟称"这真是一个年轻人的谬妄议论"①。他所自许的地方乃是"抓住每一位哲人或每一个学派的'名学方法'"②，认为这是哲学史的中心问题。

如果从话语体系来看近代中国哲学叙述的转变，应当包含两个要素：一个是以西方哲学引进的概念来作分析的基本框架；另一个是以现代白话的学术语文为表述形式，胡适的《中国哲学史大纲》正是如此。然而，在蔡元培的序里，对这两点完全没有提及，冯友兰虽然提到胡适以白话写作，却并未致意于此。

这似乎显示出，话语的变化其实其来也渐，而非始自胡适。自清末以来，当时人使用来自翻译的西方哲学概念，已经渐渐

---

①② 胡适《中国古代哲学史·台北版自记》，见俞吾金编《疑古与开新——胡适文选》，上海远东出版社，1995年，第173页。

习以为常，白话的学术写作，也在清末民初的报章杂志出现了，至少在《青年杂志》（后改《新青年》）上已经流行用白话文。所以胡适的《中国哲学史大纲》的出版，大家并没有惊异其在话语体系上的特别变化。至于白话，也不算全新的东西，更远地说，唐宋的语录，已经是白话。不论禅宗大师或理学家，用当时的白话记录讲学语录，早已成为近世思想文化的特色。而冯友兰于20世纪30年代初出版的《中国哲学史》，他的叙述语言并不是白话，而是浅显的文言，即所谓半文半白者是矣。可见对于近代化的中国哲学史叙述，彻底的白话还不是最重要的。采用西方哲学的概念应是其根本的特色。

应该指出，话语体系与研究范式并不是一回事。与话语体系更多体现为形式的特征不同，研究范式则关联着内容。冯友兰对此颇有自觉，他指出胡适的《中国哲学史大纲》和他自己的《中国哲学史》，在研究方法上的不同，是汉学和宋学的不同。就话语形式说，胡著是白话，冯著是浅显文言，但二书所用的基本概念都是新的哲学概念。冯友兰说："蔡元培说，胡适是汉学专家，这是真的，他的书既有汉学的长处，又有汉学的短处。长处是，对于文字的考证、训诂比较详细；短处是，对于文字所表示的义理的了解、体会比较肤浅。宋学正是相反，它不注重文字的考证、训诂，而注重对文字所表示的义理的了解、体会。"又说："胡适的《中国哲学史大纲》对于资料的真伪，文字的考证，占了很大的篇幅，而对哲学家们的哲学思想，则讲得不够透，不够细。金岳霖说西洋哲学和名学非其所长，大概也是就这一点说的。我的《中国哲学史》在对于各家的哲学思想的了解和体会这一方面讲得比较多。"[1]汉宋之辩、义理与考据之辩，是中国学术史固有的基本范式，胡适、冯友兰的分别可以看作是中国固有研究范式的新体现。至于从某种主义出发的研究范式，是大家已经比较熟悉的了。改革开放以来，中国哲学研究的范式从教条主义束缚下摆脱出来，带来了学术的多元的、蓬勃的发展，这方面内容就不在这里细说了。

　　近年来，有不少青年学者批评近代以来中国哲学话语体系的西方化，并提出了许多有意义的问题，这应该肯定，不过这些问题并不是全新的问题。劳思光的《新编中国哲学史》中就提出"以中观外"还是"以外观中"是问题，今天的学人提出"以洋释中"或"以中释中"的问题，与劳思光提到的问题是一致的。然而，在我看来，关注当代中国哲学话语体系和研究范式的所谓西方化，不能脱离20世纪整个中国哲学界的开放、进步、发展。这里所说的整个中国哲学界即广义的中国哲学界，不限于研究传统中国哲学。百年来的中国学术话语的转变，是一个自然历史过程，是不可逆转的。百年来已形成了一套新的中文学术语系，其中吸收了大量来自西方学术的概念、语词，大大丰富了中文学术语言，成为当代中国人思考、论述的基本工具。在此种情况下，就哲学来说，应当承认，百年来引进、吸收西方哲学的历程，促进了我国哲学学科的发展，民族的理论思维能力得到很大的提

————————

① 《三松堂自序》，人民出版社，1998年，第212页。

高，任何无视这一变化和进步的主张，要求摆脱近代以来自然形成的近代中国哲学的话语形式，摒弃译自西方哲学的概念，必定要脱离当代中国哲学界的现实。包括哲学在内的不同文化的交流、融合，是马克思所说"历史"走向"世界历史"的题中应有之义，这是大势所趋。

不同文化间的交流、融合是一种趋势，而某一文化内的传承、发展则是另一种趋势。二者的共进是现代文化的重要特征，在全球化时代依然如此。因此，在全球化的时代，百年来哲学交流中的不平衡才是应当引起哲学界重视的，现代中国哲学的发展必须汲取、继承传统中国文化与中国哲学的资源。这不仅是对研究中国哲学的学者的要求，也是对当代整个中国哲学界的要求，要使这一点成为当代中国哲学界共同的要求。

问题在于，从 19 世纪末到 20 世纪末，中国哲学的话语系统已经发生了根本变化，我们今天所面临的问题是，中国人应当如何承继、发展民族的哲学和民族的思想？中国人应当如何叙述民族思想的历史？我想，虽然中国哲学话语系统百年来发生了变化，但我们阅读理解古代文献的能力没有消亡。古人做学问主张要能"心知其意"，而"述其大意"，以至"发明其意"；今天我们在"知其意"方面仍然是可以做到的。只是从"知其意"到"述其意"，到"发明其意"，这一过程确实受到新哲学话语的制约。但是新哲学话语与其说阻碍了我们对古典哲学的继承，不如说是对我们的考验，考验我们在古今语言的对应、联接、把握上的功力，考验我们如何把中国哲学自身的问题意识和思考方式转化为现代中文学术语言的能力，考验我们把中国哲学思维用语言呈现出来，去与世界其他国家交流。从这个角度说，那种拒绝西方哲学概念，准备完全回到固有传统哲学话语的主张，虽然可以成为个别学者的选择，却很难有文化的普遍现实性。更要注意的是，不要使"拒绝西方概念"成为中国哲学研究者逃避这种考验的借口。真正的问题是，我们的学者往往浅尝辄止，既不能"心知其意"，也不在严谨的表达上下功夫，所以笔者总是强调"内在的理解"与"客观的呈现"。

文化的古今并行，是常见的现象，在文化实践上可举出旧体诗的例子，当代中国人作旧体诗的仍然大有人在，但中国文学研究的话语已经发生变化。然而在近代以来中国文化和中国学术的发展中，确实也有个别的例外，近代以来的传统中国宗教，如佛教思想与佛教哲学的研究，虽然也受到话语转变的影响，但是宗教生活的相对独立性，以及宗教对经典话语的执著崇拜，使得宗教活动与宗教研究中，保留着大量的传统叙述话语和基本名相，特别是与修行有关的名相，受西方哲学和宗教的影响小些。中国哲学及其学术研究有没有可能依照本土宗教的这种方式来发展，还值得研究。

2010 年

# 重新思考中国哲学

在重新思考作为整体的中国哲学时，我们会发现其中有些问题其实是 20 世纪 30 年代学者讨论过的，比如说中国哲学有没有不同于西方哲学的问题；中国哲学与西方哲学论述方式有何不同；究竟怎么了解中国的形态和特性，进而延伸到什么是中国哲学，什么是哲学的追问，我想上述问题在近些年都已经开始有些思考了。

就近代的历史来看，哲学这个词是在近代西方文化大量引进以后，日本学者西周从"Philosophy"翻译过来的，也被中国人接受。但是这个概念是被规定在整个近代中国文化的总进程里面的。因此，在国家现代化这一总框架的规定下，在学术教育上是以近代西方学术的分类为标准，并全盘接受了西方的学术、文化，这是梁漱溟先生的观点。

通过建构哲学、法学、文学、史学、政治学等学科概念，形成了中国现代化的学术体系。建构这些学科概念的作用，第一可以溯源近代西方学术的分途，可以有条理地了解西方近代学术的内容；第二也便于引进西方教育的体制，以这些学科概念为支柱来建立近代中国大学教育的综合体系；第三就是能够和世界文化连接在一起，使中国现代文化能够依照这些学科概念的分工加以发展；第四是用这些学科概念来分类整理中国固有的传统文化和学术体系。所以在这个意义上讲"中国哲学"这个概念应该是没有疑义的。

当然，就人文学科来讲，西方近代以来的学术分类也难免植根于西方的历史文化经验，包括语言文化的经验。如果以它作为绝对的标准或者普遍的模式，去规范东西方的文化经验，就会面临削足适履的危险。从学者自身来看，与其他中国近代建立的学科概念相比，中国宗教、中国哲学等概念似乎略显尴尬。

最重要的问题还不在于中国古代有没有"哲学"这个词，而在于中国古代学术体系的分类中并没有一个独立的系统和西洋所谓的哲学是完全相同的。中国古代当然有自己的义理之学，这种义理之学是中国古代哲人在思考宇宙、社会、人生、人心时形成的一种理论体系。其中所使用的概念和讨论的问题跟西方哲学并不相同，论述的方式也不相同。其实在中国和西方虽然都有思考宇宙、社会、人生的理论体系，但是用于构成各自体系的问题并不相同。我们老师辈的哲人，像冯先生、张先生对这点都极少关注。

20 世纪 50 年代以后，在当时的学风影响下，哲学史有共同的基本问题的提法，这对西方哲学史的研究者当然也有影响，但是这个提法对中国哲学研究者来讲可以说造成了更大的困扰。20 世纪 80 年代以来这种影响渐渐消失了，但是学术界并没有就东西方哲学是不是有共同问题深入讨论并取得共识，在西方的大学里面长期以来拒绝把中国哲学作为哲学来研究和教学，只是作为思想、宗教或者地域性的文化来研究，恐怕一个重要的原因也是认定中国哲学中没有讨论西方哲学的问题，或者没有以西方哲学的认识、西方哲学的方式来讨论。

我们经常发现把西方哲学的问题作为一切哲学的基本问题，或者把哲学只理解为一种概念论证之学，并以此来判定东西方文化里面有没有哲学的现象，这当然是欧洲中心主义的表现。在晚近的讨论中，学者们已经找到这类情况的解决办法，即应该把哲学看成文化的范畴。换句话说，应当立足于全部的人类文化，用老话来讲，把哲学看作一个不是本体论意义上的共相；用 20 世纪的话来讲，把哲学看成一个家族相似的概念。也就是说从世界文化的角度来看，既是西方关于宇宙人生的理论思考，印度关于宇宙人生的理论思考，也是中国关于宇宙人生的思考，它应该是世界各民族理论思考的总名。

在这样一个立场上，看西方哲学只是哲学的一个殊相，当然西方哲学的问题和讨论方式也就不足以构成哲学之所以为哲学的标准。从这样一个立场上来看，哲学这个概念就不应该只是西方传统的特殊意义上的东西，应该是世界多元文化富于包容性的普遍概念。当然西方哲学、中国哲学中都包含了具有普遍性意义而又互不相同的内容。因此中国历史上的义理之学就是中国哲学，虽然它的范围、问题、讨论和西方哲学有所不同，但这并不妨碍它成为中国的哲学，这恰恰体现了哲学就是共相。

西方的哲学家不够自觉，"非西方哲学家"的重要工作之一，就是要大力发展起一种广义的哲学观并在当今世界范围内推广。只有解构在哲学这个概念理解上的西方中心主义立场，才能够真正促进跨文化的哲学对话，发展21世纪的人类哲学智慧。

"哲学"是共相，是世界各民族对宇宙人生之理论思考的总名。中国哲学与世界哲学应相互理解和吸纳，让哲学适应当代的多元文化世界。如果我们今天或者未来对哲学的理解仍然完全受制于欧洲传统，或者甚至像近年来一些青年学者、青年留学生那样，对哲学的理解不仅受制于欧洲传统，而且受制于更狭隘的英美分析的传统，世界哲学的人文智慧和价值导向就没有办法得到体现。

我从学术讲到思想，从中国哲学的研究发展出新的哲学观，我想这应该是近年来有关中国哲学讨论的一个意义所在。三四十年来中国哲学研究的发展反映了中国文化复兴背景下文化自觉的兴起。它既反映了中国哲学主体性的要求，也为世界范围内的哲学反思提供了解决之道。

中国哲学的发展不是孤立的，世界哲学的发展也给中国哲学的发展带来了机遇和挑战，用我们今天的讲法叫作世界文明的交流互鉴。没有改革开放，就没有这四十年整个中国的发展，当然也就没有中国学术的发展，所以不断向世界学习，仍然是我们新的四十年开始的一个重要的使命。我们要关注世界哲学的发展，关注现代中国哲学如何面对当今世界的变化，如何面对世界哲学论题的发展。当然，我们不能离开中国当代社会文化的实践问题，要引发源于传统又能够面对当下的新的哲学思考，来为中国和世界的和谐做出贡献。

2018 年

# 儒家文化的人文精神

　　儒家文化是中国传统文化的主体和核心，对于我们民族心理、民族性格、民族精神的形成和发展产生了极其深远的影响。儒家文化博大精深，其中蕴含着丰富的人文精神。今天，我们重新研究学习这些精神，剔除其糟粕，吸收其精华，对于建设社会主义核心价值体系来说具有重要的现实意义。

## 崇德尚义

　　儒家文化重视人的德性品格，重视德性的培养和人格的提升。孔子说"朝闻道，夕死可矣"，把对真理和道德的追求看得比生死还重要。孔子说"杀身以成仁"，孟子说"舍生而取义"，孔孟都主张对道德信念的坚守不受物质条件影响。儒家的这种思想在社会上营造了崇德尚义的气氛。这种精神追求，通过古代的文明规范体系"礼"，形成了中华这一"礼义之邦"的社会风尚。孟子提出"富贵不能淫，贫贱不能移，威武不能屈"，鼓舞人们追求独立的人格，有自尊心，不被任何财富所腐化，不受任何外力所威胁。这一思想为那些捍卫正义和追求美好生活的人们提供了精神支持。

在这样的精神影响下，儒家一贯强调明辨义利，主张明理节欲，在价值评价上对有远大理想的人进行褒扬，对追求个人私欲的人加以贬斥，人的美德和修养始终受到重视。在中华文化的长期发展中，形成了以重视礼义廉耻，奉行仁孝、忠义、诚信为核心的传统美德体系。在这种道德取向的影响下，中国传统文化重视人的德性品格，重视自觉修养和意志锻炼，同时在政治上强调"道之以德，齐之以礼"，注重用道德、礼俗实现对社会秩序的维护，反对以刑罚、暴力管理社会；对外则强调"以德服人"，反对"以力服人"。这些都凸显了中国传统文化特别重视道德文明的特色。

## 群体优先

在中国传统的人文文化中，不是强调个人，而是重视人伦。中国传统文化总是把人作为在一定的伦理关系中负有伦理责任的人，从而使个人的德性和价值实现紧密地联系在一起，并将其与个人和他人的关系相联结。君臣、父子、夫妇、兄弟、朋友五伦所代表的政治关系、家庭关系、社会关系和忠孝、仁爱、信义的德性品格相互配合。人活着不是为了自己，而是为了人伦关系的美满。同时，中国传统文化重视处理群己关系，强调群体的利益高于个体的利益。群体的利益是公，个人的利益是私，于是关心国家大事、关心天下事就成为中国人发自内心的责任，成为一种不可遏止的忧国忧民情怀。

孟子说，君子要"自任以天下之重"①，就是要把天下大事作为自己的责任；又说"乐以天下，忧以天下"②。汉代以后的士大夫始终强调"以天下为己任""以天下之名教是非为己任"。北宋范仲淹自颂其志说"先天下之忧而忧，后天下之乐而乐"，明代东林党人说"家事、国事、天下事，事事关心"，清初顾炎武说"天下兴亡，匹夫有责"。这种"天下"的观念，是中国士大夫能超越家庭主义、地方主义而始终把国家整体事务作为己任的思想文化的根源。在这种思想文化中，不仅个人对他人、对群体的责任意识始终被置于首位，也凸显了以小我成就大我、以牺牲个人和局部利益维护整体和全局利益、以国家和民族利益为上的价值取向。

# 进取有为

进取有为的精神，不仅在我们民族兴旺发达的时期起过巨大的积极作用，而且在我们民族危亡之际更成为激励人们的强

---

① 《孟子·万章上》。
② 《孟子·梁惠王下》。

大精神力量。如杜甫的诗"剑外忽传收蓟北,初闻涕泪满衣裳""出师未捷身先死,长使英雄泪满襟",陆游的诗"王师北定中原日,家祭无忘告乃翁",文天祥的诗"人生自古谁无死,留取丹心照汗青",这些荡气回肠的诗句具有强烈的感召力量,无不体现了自强不息的精神,也发挥了爱国主义的激励功能,体现了中华民族反抗压迫、维护民族文化生命的精神。在民族融合中,国家的政治统一成为历史的主流。所以,中华民族不仅五千年来文化传承连续不断,而且赖以生存的政治实体在不断扩大的同时也基本保持了稳定、统一。

抗战时期,哲学家冯友兰曾说:"并世列强,虽新而无古;希腊罗马,有古而无今"。"惟我国家,亘古亘今"。他总是引用《诗经》的"周虽旧邦,其命维新"来说明中国是文明古国,但始终在与时俱进地发展,并在这种发展中保持了文化的连续性。近代历史学家曾就中国历史文化的特征探讨过三个问题。第一,地域辽阔,人口繁盛,先民何以开拓至此?第二,民族同化,世界少有,何以融合至此?第三,历史长久,连绵不断,何以延续至此?历史学家认为,从这三个特征来看,中华民族的历史发展必然有一种伟大的力量寓于其中。这个力量就是我们的文化,它给了中华民族伟大的生命力和内在的凝聚力。今天,我们的一个重要任务就是去发掘它、维护它,承担起弘扬中华民族文化的重大责任。

# 文化自觉

中国优秀传统文化的传承，在很大程度上要归功于儒家的文化自觉。首先，两千多年前孔子整理三代以来的文化，确立了中国最早的经典文本，建立了中国传统文化的经典意识，并形成了文化传承的使命感。而后，孔子所开创的儒家学派努力传承六经、代代传经释经，后又形成一种道统的意识，历代的儒家学者始终以传承中国传统文化的经典和维护华夏文化的生命为神圣使命。

其次，中国自古以来就有注重历史的传统，很早以来历史的记述从未中断，而且受到珍视。历史的记述起着承载民族历史记忆，建构民族文化认同的重要作用。儒家在这方面也起了重要作用。

最后，很重要的是，中国历史上的士大夫在政治实践、地方教化和文化活动中始终自觉强调中华文化的价值观念，使得这些价值观念渗透在一切文化形式之中，从而影响到全体民众的文化心理。

2009 年

# 中国传统道德修养的基本内涵

——以"慎独"为中心

中国传统道德修养内容广泛,"存心养性""格物致知""诚意正心""明善""戒慎""恐惧""慎独"等,都是讲修养问题。这其中,"慎独"和"内省",又是最基本的内容。"慎独"在儒家历史上经历了一个"起、承、转、合"的过程:先是在汉代,郑玄将"慎独"解释为独居、闲居时行为的高度自律;接着是宋代,朱熹将"慎独"解释为谨慎地对待自己所独有的、内心世界的活动(既包括"未发"的,也包括"已发"的);到了明代,王阳明把"独"解释为"良知",认为"慎独"与"戒惧"是一回事儿,无论"未发""已发",都要保持"戒慎恐惧"之心;清代的曾国藩则将遏制贪欲、循自然之理、内心时时自省统统视为"慎独"的核心内容。至于"内省",则是指不间断地反省自己。它代表了人的一种自觉的要求:即使没有什么过失,也要"有则改之,无则加勉"。

# 推荐两本关于道德修养的书

首先给大家推荐两本有关传统道德修养的书。第一本是蔡元培先生的《中国人的修养》，这本书现在有很多的版本。蔡元培（1868—1940）先生对文化有一个特殊的看法，他在北京大学做校长时提出的办学方针"兼容并包"，今天也仍是北大的宗旨，对今天教育的影响还是很大的。北伐战争以后，他担任了中央研究院的院长，这之前他做过教育部长，对整个中国的高等教育都有贡献。他早期喜欢伦理学的书，《中国人的修养》这本书不完全是学术性的，它是一个讲义，主要讲的是修身，中国人应该有什么样的道德是这本书的核心。

还有一本书，就是梁启超在1905年编的《德育鉴》。"鉴"，就是镜子，《德育鉴》讲的都是修养的问题。梁启超（1873—1929）早期学的东西，主要是训诂考据，对德育体会不深。后来跟康有为在万木草堂学习，开始积累德育方面的笔记，哪些圣贤书对自己的修身很重要、有体会，就把它记下来。梁启超逃到日本以后，写了很多文章，在思想界比较有影响的就是《新民说》。《新民说》，他写了三年多的时间才完成，主要是强调中国人要建立公德。

梁启超认为，圣贤讲的很多是"私德"，但他觉得中国人最缺的是公德。中国人当时碰到的问题，是国家的问题、救亡的问题。在殖民主义的态势下，国家已经到了一个生死存亡的关头，怎么救国救亡，建立一个真正的民族国家，这是一个大问题。

所以，在公德中最重要的内容就是爱国。梁启超讲，怎么建立公德心是中国人碰到的最大的问题，公德心里面最重要的就是爱国主义，当然他也讲了权利、自强等核心价值观念。

《新民说》写了不到一年梁启超就到美国去了，他在旧金山等地呆了有十个月的时间。在这十个月当中，他的思想发生了一个很重要的转变，他以前主张破坏主义，回来以后，我们一般说他变得"保守"了。其实不是那样的，而是他有了新的认识。这跟我们今天谈的这个问题有关。在《新民说》的前几节，他说的"公德"对当时包括胡适（1891—1962）、毛泽东（1893—1976）等那一代人都很有影响。他从美国回来以后，在《新民说》中写了第十八节《论私德》。《新民说》前几节主要是讲公德，好像私德不用讲。他从美国转了一圈回来，受了很大刺激。他所碰到的新党人士和革命党充满功利主义心态，私德有问题，严重地影响了维新的事业。所以，他就重新强调，要建立公德，私德是基础；私德修好了，就自然可以推广到公德；可是如果没有私德的基础，公德就无法建立了。

《论私德》这篇文章，当时大家都是不太重视的，许多人没有发现文章中的核心问题。古往今来的圣贤之德是统一的，不能仅有私德，没有公德，也不能仅有公德，没有私德，而在这两者之间，私德的培育是基础。梁启超在1902年开始写《新民说》，1905年就写了这本《德育鉴》。《德育鉴》把他多年选录的语录作了个编排整理。对这本书的一般印象，好像到"五四"时期大家都已经不怎么看了，其实它在当时对新派人士的影响还是很大的。

梁漱溟（1893—1988）是没有高学历的，蔡元培之所以引进他，是因为看到他写的《究元决疑论》。看到梁漱溟对佛教有很深的体会，蔡元培就请他到北京大学来教书。梁漱溟来的时候，正好是新文化运动兴起的时候。北大是新文化的发源地，处于新文化运动的气氛之中。新文化运动主要目的是要推翻旧文化，创造新文化，引进西方的传统文化，甚至有人就提出了"打倒孔家店"的口号。

梁漱溟来北大以后压力很大，但是他非常坦诚地说："我到北大来是替孔子（前551—前479）和释迦牟尼（前565—前486）来说话的"，这就符合蔡元培的想法了。到了新文化运动后期，1920—1921年的时候，他在北大发表的一系列演讲是对新文化运动的一个反思。当时有很多人都不理解，把他归入"反动派"。其实，这是不对的。我们不要把进步知识分子理解得那么狭隘，进步知识分子是多元的。

梁漱溟说："我比陈独秀（1879—1942）更早就讲过西方文化的特长在于科学和民主。在现在这个时代，我们是要全盘承受西方文化，不是要全盘抵制、反对西方文化。可是你们要知道，我们现在引进的西方文化，并不是人类能看到的、最有潜力的文化。特别是经过第一次世界大战，在西方已经对西方文化做了一个很深刻的反思的情况下，不应该再无条件地接受西方文化了"。他认为第一步要全盘承受西方文化；第二步就是要弘扬儒家文化。可是，他讲的儒家文化和中国文化，其实不是完全传统的东西，是跟社会主义密切结合在一起的，所以叫作儒家的社会主义。

为什么要把西方文化传到中国来？梁漱溟认为，西方文化解决的是人和物的问题，是解决人怎么从外界得到物质生活资料的问题，这是西方文化的特长。西方文化认为知识就是力量，怎么发展物质生产，提高生产力是其关注点。中国文化是要解决人与人之间关系的问题。梁漱溟所讲的中国文化，是带着很深的社会主义色彩的。所以，后来他参与创办民盟，跟共产党合作。

梁漱溟在20世纪被定位为新儒家，就是现代的儒家。大家都认为这个人既然是现代的儒家，一定是"四书五经"读了不少的，然后提出一些观点。其实，不是那样的。梁漱溟小时候根本就没念过"四书五经"，他念的是新式小学。他后来讲，我对传统文化的理解是怎么来的？我是看了梁任公（"任公"是梁启超的号）编的《德育鉴》这本书，才对传统文化产生了兴趣。所以，他前期对传统文化的理解是受梁启超的影响。

蔡元培《中国人的修养》这本书里面，其实没有怎么讲修养，他是讲道德的，就是今天的中国人应该有什么样的道德和道德规范。而梁任公这本《德育鉴》，其实应该叫《修养鉴》。因为，他里面讲的不是道德规范，即应该怎么做，而是讲育人的——你要想成为一个伟大的人，该怎么提高修养。这是他这本书的主要想法。当然，梁先生这本书对人的自我要求是比较高的，你可能是从事政治，也有可能是从事教育，但不管从事哪种活动，你要想把自己塑造成一个伟大的人，一定要通过一些正确的修养方法。他从几十年所总结的前人经验中，主要是从儒家思想中，找到了一些方法。

梁启超在《德育鉴》里面把修养分成六个方面：第一个叫"辨术"；第二叫个"立志"；第三个叫"知本"；第四个叫"存养"，"存养"就是讲涵养；第五个就是"省克"；最后叫"应用"。所以我说梁任公《德育鉴》应该叫《修养鉴》。

2011 年，我们清华大学国学研究院把梁任公的《德育鉴》当作德育教材。怎么把今天的德育跟文化结合起来？我们编了两本书，一本就是梁任公的《德育鉴》；另一本书是冯友兰的《新世训》。梁启超是清华很重要的一个人，清华的校训"自强不息，厚德载物"，是梁任公 1919 年到清华的时候提出来的。从 1921 年开始，他不断地在清华讲国学课，而且是以清华讲师的名义，不是正式的教授。到了 1925 年，他正式成为清华的导师，被称为清华大学国学院四大导师之一。冯先生 1928—1952 年一直在清华。这两本书，我想如果大家有时间，可以读一下。

## 传统道德修养中的"慎独"

道德修养其实包含的内容是非常广泛的。就拿人们熟悉的"四书"来讲，在宋朝、明朝，最流行的就是《大学》。《大学》中的"三纲领""八条目"，讲的都是修养问题。比较经典的句子"大学之道，在明明德"，"明明德"就是修养；"格物致知""诚意正心"，也是讲修养的问题。《中庸》里面讲要"明善""诚身""戒慎""恐惧""慎独"，这些都是谈修养问题。《孟子》里面也有很多的，最明显的就是孟子（约前372—约前289）讲的"存心养性""尽心知性"。

到了唐代以后，受到佛教的影响，佛教不讲"存心养性""尽心知性"，它是讲"明心见性"。只不过它讲的不是儒家的心性，但是这种"明心见性"在宋代以后也被儒家吸收了，比如宋儒讲"明心""发明本心"。

由于传统道德修养内容丰富，而"慎独"和"内省"又是最基本的内容，所以我今天就集中讲这两个问题。特别是"慎独"的问题，我讲讲"慎独"是怎样一种思想。这一思想经历了"起、承、转、合"的过程，"起"就是从汉代讲起；"承"就是讲宋代的深入；"转"就是明代思想的变化；"合"讲的是清代的情况。

## 汉代郑玄对"慎独"的解释

在历史上，《中庸》对"慎独"讲得比较多。后人把《中庸》分章，第一章叫"《中庸》首章"，里面有几句话：一是"道也者，不可须臾离也，可离非道也"。意思是说，"道"是不可以片刻离开的；如果可以离开，那就不是"道"了。二是"是故君子戒慎乎其所不睹，恐惧乎其所不闻。莫见乎隐，莫显乎微，故君子慎其独也"。其中，"是故君子戒慎乎其所不睹"中的"戒"就是警戒，"慎"就是慎重；"恐惧乎其所不闻"中的"闻"就是闻见；"莫见乎隐"中的"见"读"现"；"莫显乎微"，是说微细的东西是最显眼的。所以，"君子慎其独也"，这是对君子的认识。

"君子慎其独也"是什么意思呢？汉代的大学者郑玄（127—200），在注解《中庸》的时候说，"慎独者"就是"慎其闲居之所为"。"闲居"就是独居，即自己一个人在的时候。"慎其闲居之所为"，就是这时候你的行为要特别慎重。"小人于隐者，动作言语，自以为不见睹"——小人认为，在"隐"的情况下，别人看不见，或者说，自以为别人看不见、听不见。"不见闻，则必肆尽其情也"，结果他是非常放肆的、随心所欲。小人在这种隐的状态下是肆意的，那么君子则是要"慎其闲居之所为"。那就是说，君子在别人看不见的时候，听不见的时候，也不能做坏事，不能想做什么，就做什么，实际上讲的是行为的高度自律。

自律不仅是要在大庭广众之下自律，还要在你独居、闲居的时候，仍然要坚持自律，这是郑玄的解释。"慎其闲居之所为"，重点是放在行为上。就是说，这个时候，你做什么事情一定要小心。

下面举一个例子，是一个关于"四知"的故事。东汉有一个人叫杨震，以前做官的时候，他举荐了一个人，他的举荐被朝廷接受了。过了两年之后，又见到这位他举荐的官员，被举荐的官员就送他十斤白银。杨震就说："我跟你应该是故人，我了解你，所以我举荐你，但是你不了解我，所以今天给我送东西"。这个故人就说："黑夜里谁也没有看见，你就笑纳吧"。可是杨震却说："天知，地知；你知，我知"。意思是说，不要以为别人看不见的时候，自己就可以什么事情都做；即使那个"你知"不在，"天知""地知""我知"还在。这样，"四知"就被传为佳话了。

郑玄将"慎独"解释为行为上高度自律，这是"慎独"说的"起"的阶段。

## 朱熹对"慎独"的解释

### 对《中庸》首章"慎独"的理解

从"起"到"承"，就到了宋代。因为汉唐的经学是一样的，唐代孔颖达（574—648）在作注解的时候，一般都是按照郑玄的解释来作的。到了宋代，最大的学问家就是朱熹（1130—1200）了。

朱熹一生最重要的就是写了《四书章句集注》。他一辈子都在整理、编订、解释《四书》，临死的时候还在修改对《四书》的注解，特别是《大学》关于"诚意"的注解。

朱熹对"慎独"也有解释。他的解释不是单独的解释，而是把上面两句话连在一起来理解。第一句是"君子戒慎乎其所不睹，恐惧乎其所不闻"，第二句是"莫见乎隐，莫显乎微，故君子慎其独也"。朱熹认为"戒慎乎其所不睹，恐惧乎其所不闻"与"莫见乎隐，莫显乎微，故君子慎其独也"是相连接的。

朱熹说，"戒慎"和"慎独"是两种状态。关于"戒慎""恐惧"，朱熹解释说："是以君子之心常存敬畏。虽不见闻，亦不敢忽，所以存天理之本然，而不使离于须臾之顷也。"这里的"敬畏"不是对具体事物、具体对象的敬畏，如对某一件事情或者某一个神灵的敬畏，而是一种的内心状态，就是不放松，总有一种警觉的意识。这里的"不见闻，亦不敢忽"，不是说别人没有看见你，而是你自己没有明显的知觉见闻等有意识的活动时，你也不可以忽略这个状态，你要心存敬畏，在修养方面下功夫。

朱熹不是讲别人看不见你，你一个人独处的时候，而是说在没有明显的意识活动的时候，你对自己的内心也要很清楚，要保持"敬畏"。一直保持这种状态，你才能"存天理之本然"。什么叫"存天理之本然"呢？就是在你没有明显的、自觉的意识活动的时候，你本来的性是善的，所以你一定要保持这种状态。朱熹的解释跟汉代人不一样，把重点从行为转到内心的修养上来了。

至于"慎独"，朱熹首先给"独"下了一个明确的定义，就是人家不知道，而只有你自己知道的。按照我们今天的话讲，就是你自己所独有的那个内心世界。当然，这个世界，别人偶尔也有可能从你的行为上观察到，但总的来说是你自己的，所以朱熹给它下了一个定义。什么是"独"？郑玄就没有解释过。朱熹讲"独"是"人所不知而己所独知之地也"，把它解释为一个内心世界。这个解释很重要。没有人知道的时候，你也要注意。这说的是行为的问题，还不是修养的问题。要把"慎独"变成一个修养的问题，你就要把这个"独"字解释为内心的世界。

所以，到了朱熹以后，"慎独"才真正地变成了一个思想意识的修养问题。在这以前，更多的是对行为自律的解释。

在宋代，朱熹不用"慎独"，而是用"谨独"。因为"慎"字跟宋孝宗的名字音同①，古代同音字是要避讳的。朱熹说："君子既常戒惧，而于此尤加谨焉。"意思是说，君子已经常常有敬畏之心了，但是在这个地方，尤其要更加谨慎。那么，这个地方是指什么呢？就是他所讲的"独"的内心世界。"慎独"，就是要谨慎地对待自己内心世界的活动。

而"独"所代表的内心世界，朱熹还作了不一般的解释。他认为，这里所说的"独"是属于一个"几"的状态。"几"，在《易经》里讲"几者，动之微，吉之先见者也"。"几"是刚刚开始动，是在动与未动之间。所以，"慎独"实际上是要"慎"那个念头刚起的时候。前面讲的"戒慎""恐惧""敬畏"之心，是你没有自己的意识活动，还没有意识活动的时候；这里的"慎独"则是你已经开始有了知觉活动，这个知觉念头刚刚开始，只是"一闪念"。朱熹说："迹虽未形而几则已动，人虽不知而己独知之。"意思是，你的行为没有动，没有迹象，但你心里面的念头已经动了。人家不知道，但是你自己知道；你自己知道，你就要慎重。

接下来朱熹又说："所以遏人欲于将萌，而不使其滋长于隐蔽之中，以至离道之远也。"这里是要大家对比，他前面讲了"常

---

① 宋孝宗名赵眘，"眘"与"慎"音同。

存敬畏""所以存天理之本然"，现在念头开始动了，动了就要"慎独"，即"遏人欲于将萌"。一个是"存天理之本然"，"本然"即本性之善，你要保存敬畏之心；另一个是"遏人欲于将萌"，你念头一动，欲望就要萌动了，你在"慎独"的时候要把它遏制在萌芽状态。

心要"常存敬畏"，也要常常慎独，这都是讲君子的自我意识修养。君子就是不要把别人看不见、听不见，或者只有你自己知道的内心世界，看作是隐蔽的，反而要把它看成是一个光天化日之下的世界，这样才可以提高自己的道德修养。

比较而言，郑玄讲的是行为问题；朱熹则说，意念没动的时候，你要保持一颗敬畏之心；意念动的时候，如果是人欲，你要赶快地给它遏制了。在朱熹的解释中，开始明确指出"慎独"具有内心修养的含义了。

品德高尚的人在没有人看见的地方也是很谨慎的，在没有人听见的地方也是有所敬畏的。君子认为，越是隐秘的地方，越是明显；越是细微的东西，越是显著，品德高尚的人在一个人独处的时候也是谨慎的。这是我对《中庸》中这一句话的翻译，也有很多解释不一样的。

比如说，一个人独处的时候，该怎样谨慎呢？郑玄讲了，就是行为要谨慎，这和朱熹讲的是不一样的。我这里讲的则是朱熹对《中庸》里面说的"慎独"的解释和发挥，也是朱熹对"慎独"的最主要的解释。

## 对《大学》中"慎独"的理解

在先秦典籍里面，有好几个地方也讲到了"慎独"。其中一个地方是在《大学》里头。

《大学》分"经"和"传"。在"传"的第六章"诚意"中说："所谓诚其意者，毋自欺也。如恶恶臭，如好好色，此之谓自谦，故君子必慎其独也！"这里边又讲了"慎独"。朱熹对什么是"自欺"作了解释："自欺云者，知为善以去恶，而心之所发有未实也。……独者，人所不知而己所独知之地也。……然其实与不实，盖有他人所不及知而己独知之者，故必谨之于此以审其几焉。"还有一句话，也是《大学》里面的："小人闲居为不善，无所不至，见君子而后厌然，掩其不善，而着其善。人之视己，如见其肺肝然，则何益矣！此谓诚于中，形于外，故君子必慎其独也。"最后还说了一句："曾子曰：'十目所视，十手所指，其严乎！'"

我把上面的话解释一下："诚其意"，就是说使意念真诚，不要自己欺骗自己。要像令人厌恶的腐臭气味一样，要像喜欢美丽的女子一样，一切发自内心。品德高尚的人，哪怕是一个人独处的时候，也一定要谨慎。品德低下的人，私下里无恶不作，可是一见到品德高尚的人，就躲躲闪闪，掩盖其所做的坏事，而且会自生自灭。别人看你，就好像能看到你的心、肝、肺一样清楚，你掩盖也是没有用的。内心的活动会真实地表现在外面，所以品德高尚的人，即使是一个人独处的时候，也一定要谨慎。曾子说："十只眼睛看着呢，十只手指着呢，这还不令人畏惧？！"这是《大学》里面讲的"慎独"。

在《中庸》和《大学》中，朱熹把"慎独"解释为人内心世界的一种修养，这在整个儒家修养理论的历史上是有意义的。特别是他提到，为什么要把"闲居"和"慎独"解释为独居、独处，因为《大学》里面讲了，"小人闲居为不善"，什么都可以干，但是见到人以后，就把恶行掩盖起来了，就表现出自己善良的一面。所以，从这里可以看出，朱熹讲的"慎独"是小人做不到的。

## 对《中庸》末章的理解

《中庸》最后一章说道："《诗》云：'潜虽伏矣，亦孔之昭！'故君子内省不疚，无恶于志。君子之所不可及者，其唯人之所不见乎！"翻译成白话文就是：《诗经》里说，别看你是潜伏的，但其实你是很明显的。因此，君子要自我反省，没有愧疚，没有恶的念头存在于心里。君子的德行之所以高于一般人，主要就是在那些不被人看到的地方仍自律。

又说："《诗》云：'相在尔室，尚不愧于屋漏。'故君子不动而敬，不言而信。"意思是，《诗经》里说，看你独自在室内的时候，你能不能无愧于屋漏。所以，君子即使在没有做什么的时候，也是非常恭敬的。

这里给大家增加一个知识点。"屋漏"本身是讲这个屋子的西北角，如果人死了，就放在这儿，所以它有"神明"的意思。"无愧于屋漏"，是说你无愧于神明。你独自在室内的时候，你的所作所为也好，所思所想也好，要能够无愧于神明。事无不可对人言，事无不可对神明，你做的事、想的事都是可以坦然面对神明的，这里也包含了"毋自欺"的意思。

什么叫"自欺"？宋代有一个人叫范浚，是一个儒者，他说："知善之可好而勿为，是自欺。"意思是，你知道善，你也知道善是好事，但你不做，这叫自欺。"知不善之可恶而姑为之，是自欺"，即你知道做这件事是不对的，你说我姑且做一做，是自欺。"实无是善而贪其名，是自欺"，即你没有做这件好事，你要贪它的名，是自欺。"实有是恶而辞以过，是自欺"，即你做这件事，因为怕别人批评，你想躲避它，是自欺。

## 朱熹"慎独"论与禅宗"拂拭"说的会通

从朱熹的注解可以看出来，他强调，人时时刻刻都要有自觉的意识——当你没有自觉意识的时候，你要有敬畏之心；当念头出现的时候，你要有"慎独"的精神，并反省自己的不足。

朱熹常常讲佛教的故事，其中有一个是在禅宗史上著名的故事：五祖弘忍（601—675）想把法衣传给弟子，就看看大家谁表现好。于是，就要弟子把自己的修行所得写一个偈语。结果众人就说："我们水平都太低了，给我们讲课的老师神秀（606—706）应该是水平最高的，我们就看看他写得怎么样。"

神秀就想："我是五祖门下大弟子，我不写谁写呢？可是我要是写得不好，到时候老师批评我，好像脸上也不好看。"犹豫了半天，他最终就在夜里，在墙壁上写了四句话：

身是菩提树，心如明镜台；

　　时时勤拂拭，勿使惹尘埃。

说到菩提树，大家都知道当年释迦牟尼就是在菩提树下觉悟的。人心像明镜一样的光明，本来是一尘不染的，但是你在这个世界上，就一定要有尘埃染在镜面上，所以人要"时时勤拂拭"，经常要擦，不要让它沾染了尘埃。这句话就是讲修养的，它跟朱熹讲的有点相似。"拂拭"有两种含义：一种是未发的时候，念头没出现的时候，你要考虑；另一种是念头一动的时候，你要"慎独"，去反对不好的东西，我们要时时刻刻注意修养。

　　六祖慧能（638—713）当时还是一个行者，一个干粗活的人，不识字，听人念了一遍，觉得这个偈语水平还不太高。他说："我也有一偈，烦请你给我写上去。"其他人就说："你这么个干活的，你写什么东西？"他说："你别看我穿得破，佛性和你是一样的。"一个人说："那我来帮你，假如老和尚把法传给你，你第一个可要传给我。"于是，他就替慧能写，一共四句：

　　菩提本无树，明镜亦非台；

　　本来无一物，何处惹尘埃。

大家一看，这个不得了。五祖看见以后，却拿鞋把它擦了，说"亦未见性"。据《坛经》说，五祖主要是担心大家嫉妒慧能，怕有人加害于他，因为佛门里面的斗争还是很激烈的。

其实，神秀讲的是面对大众的，是对的；而慧能讲的则是针对上根人、利根人的，是大彻大悟达到的境界，不是普通人可以达到的。"本来无一物"，即根本就没有尘埃。可是人有很多的贪欲，这些都是尘埃。慧能只是说神秀所悟的还不是最上乘的佛法，但是最上乘的佛法一般人是达不到的。道理是这个道理，可是对一般人来说，你让他看慧能这四句话，那就是空，就是无，那怎么修行啊！所以还是要"时时勤拂拭"，不使它惹尘埃。我们今天讲修养，一定要按照神秀的做法——"时时勤拂拭"。

朱熹还提到，唐末五代时有一个瑞岩和尚，经常自己问自己说："主人翁做惺惺否？"①"惺惺"的意思就是要有警觉，别迷迷糊糊、昏昏沉沉。这个主人翁就是你的"心"在没在。瑞岩问后自己回答："惺惺！"后来，佛教就把这个叫作"常惺惺法"。就是不断地提醒自己，你这个主人要在，做主的要在，你不能六神无主。朱熹说，做主的在，在干什么？在涵养，在修养。"遏人欲""存天理"，就是在讲"慎独"。

以上说的"慎独"，都是自省的意思。你在独处的时候，别以为就是你自己知道，别人不知道，"十目所视，十手所指"，君子要有自省意识。

---

① 《朱子语类》卷十二。

## 王阳明对"慎独"的解释

到了明代，官方的意识形态是程朱理学，但民间总是觉得官方的意识形态还不能满足人民的需求。在这样的历史背景下，出现了一个大思想家叫王守仁（1472—1529），自号"阳明"。"慎独"自此也有了变化，这就是"转"。

王阳明悟道于龙场，龙场位于今天贵阳市的西北。那个时候，龙场只是一个少数民族居住区，被称为"蛮夷之地"，明朝在这里设了一个驿站，就是传递文书、中途换马的场所。王阳明本来是兵部武选司主事（相当于现在国防部里的一个处长），在给皇帝上书以后，皇帝就把他贬到了驿站做驿丞，就是管几匹马等。在这个没人懂汉话的少数民族聚集区，他生活了一段时间后大彻大悟了。

王阳明是反对朱熹的，他怎么反对的呢？这要从他被脱裤子打屁股说起。明朝的皇帝有一点是最不好的，宋朝的皇帝是优礼知识分子，不杀知识分子的。宋朝知识分子如果你不想做官，政府就给你一个比较低的工资，你自己做学问去。这是非常好的制度。明代这位农民起义出身的明太祖朱元璋（1328—1398）是非常愚笨的，他上台后有一个专制习惯，就是打知识分子。知识分子如果敢给皇帝提意见，就要用杖来打，叫"廷杖"，杖四十、杖六十、杖八十。杖八十就得死啊，这哪受得了啊！据学者考证，明朝正德年间，得把裤子脱了，照着肉打。王阳明就是头一个受了这种侮辱和重刑的人，还好没有打死。王阳明就在危难的时刻悟道了。

关于"慎独"，王阳明有自己的解释。按照朱熹的解释，是"人所不知而己所独知之地"①，就是讲人独有的内心世界，"独"就是"独知"。"独知"是什么？王阳明《在答人问良知二首》中写道："良知即是独知时，此知之外更无知"②，即没有别的"知"，"独知"就是"良知"，"良知"便是"独知"。

王阳明用"良知"来解释"独知"，这在修养上跟朱熹有什么区别呢？有这么一个区别：朱熹是要把经文的解释前后都照顾到。他分两个部分来解释：一个是讲"敬畏"，即念头都没有起的时候，没有意识活动的时候；另一个是说"慎独"，是念头已经起来了。为什么说这个？《中庸》的首章"喜怒哀乐未发谓之中，发而皆中节谓之和"中，一个"已发"，另一个"未发"，怎么落实到修身上呢？怎么结合起来呢？朱熹把"戒慎恐惧"解释为"未发"，"未发"就是你的意念未发的时候；"慎独"就是"已发"的，这样就把对整个文本的解释都照顾到了。

王阳明反对朱熹的观点，有学生问他，为什么说"戒慎恐惧"是"己所不知"，"慎独"是"己所独知"的时候？王阳明说，无知的时候是"独知"，有事的时候也是"独知"，"于此一志立定，便是端本澄源，便是立诚""戒惧之念无时可息""戒惧之心稍有不存，不是昏聩，便是流入恶念"。意思就是，"慎独"跟"戒惧"是一回事儿，不用分开，不用分"未发""已发"，任何时候都

---

① 《朱子语类》卷六十二。
② 《王文成公全书》卷二十。

应该有戒惧之心。因此，王阳明解释的"慎独"就跟朱熹不一样了。他把"独"解释为"良知"，就是你不管任何时候，有事无事，做事不做事，你都要保持"戒慎恐惧"之心。

## 曾国藩的《君子慎独论》

"慎独"经过"起""承""转"之后，在清代又出现了"合"。"合"的代表性人物是曾国藩(1811—1872)。曾国藩写了篇文章叫《君子慎独论》，里面的四句话大家要记住。

第一句叫"慎独则心泰"。他在家书里面有时候也说"慎独则心安"。这是他多年总结的古人的修身功夫，他觉得"慎独"是最有效果的。

第二句叫"主敬则身强"。在朱熹的思想中，"戒慎恐惧"就是"主敬"。《论语》中多次提到"敬"字。"敬"字的意思就是你要有一颗"敬畏"的心。

第三句话是"求仁则人悦"。这句话是说用仁义的方法去做事，别人就会喜欢你。

第四句话是"思诚则神钦"。"诚者天之道也，思诚者人之道也。"你努力思考、追求"诚"，这是"人之道"，所以说"思诚则神钦"。

曾国藩说：

> 慎独者，遏欲不忽隐微，循理不间须臾，内省不疚，故心泰。主敬者，外而整齐严肃，内而专静纯一，斋庄不懈，

故身强。求仁者，体则存心养性，用则民胞物与，大公无我，故人悦。思诚者，心则忠贞不贰，言则笃实不欺，至诚相感，故神钦。四者之功夫果至，则四者之效验自臻。余老矣，亦尚思少至吾功，以求万一之效耳。

如果用白话文解释就是："慎独"就是要遏制自己的贪欲，连最微小、最为隐蔽的地方也不可以放过。行事要遵循自然之理，一刻也不要间断。你的内心还要时时自省，这样你就能心胸安泰。"主敬"就是庄严、恭敬，仪容要整齐、严肃，心灵要宁静、专一，人要稳重、端庄、不懈怠，这样身体才能强健。"求仁"就是追求"仁"，要心存仁爱，把百姓看成同胞，对万物也心存养护，你大公无私，就会得到他人的喜爱。"思诚"就是内心要忠贞不二，不欺骗任何人，用挚诚的心来感应天地，因此就得到神灵的尊重。在修养的功夫上，你如果能够做到这四点，自然会有成效。曾国藩说："我现在虽然老了，也还要想在修身方面下一些功夫"。

曾国藩这里所说的"慎独"是《中庸》《大学》里面的；"求仁"是《论语》里面讲的；"思诚"是孟子讲的；"主敬"是朱熹讲的。

接下来，曾国藩对"慎独"有一番解释，他说：

尝谓独也者，君子与小人共焉者也。小人以其为独而生一念之妄，积妄生肆，而欺人之事成。君子懔其为独而生一念之诚，积诚为慎……

什么是小人呢？他说：

> 于是一善当前，幸人之莫我察也，则趋焉而不决。一不善当前，幸人之莫或伺也，则去之而不力。幽独之中，情伪斯出，所谓欺也。

那君子是什么呢？君子是：

> 独知之地，慎之又慎。此圣经之要领，而后贤所切究者也。

这几句话的意思是说，古人说讲的"独"，是君子和小人都有的，但是小人不会"慎独"。小人在独自一人的时候会产生非分的想法，而这些非分的想法积累到一定的程度，就是肆意妄为，做出欺骗他人的坏事。君子单独一人的时候，他会产生真诚的想法，真诚的想法聚集多了，就会处事谨慎，下功夫提升自己的道德修养。小人做一件好事，唯恐别人不知道是自己干的；做一件坏事，却心存侥幸，以为别人看不到；背地里自己独处的时候，虚假的情意自然产生，这就是"自欺"。

什么是君子呢？唯恐善事做得不彻底，会使自己堕落；唯恐一个坏毛病不改正，会如涓涓细流，常年不断地犯错。暗室之中，不动邪念，就如同面对天神，内心世界慎之又慎。

这就是圣人修养的要点，也是我们后世的人要深入研究的问题。

曾国藩并没有直接否定前人，他基本上继承了朱熹的路子，虽然都是他自己的经验之谈，但很有意义。

总之，古代儒家对自己的要求是比较高的，对自己人格发展的目标定得也是比较高的，所以他们才会学习各种修养方法，不断增强自己的道德自觉性，提升自己的精神境界。

# 传统道德修养中的"内省"

与"慎独"相比，"内省"的问题要简单一些。这里讲一些古人的提法。

《周易》中讲到震卦，因为震是雷，取象雷。八八六十四卦，每个卦都是有取象的。震就是雷，雷就是要震人，因此《周易》说："震，君子以恐惧修省。"儒家对经典的解释，就是要把《易经》和修德思想结合起来。当你看个震卦的时候，你要提高哪方面的修养？震是被震动，有震动，就有恐惧，"修"就是修德；"省"就是反省。

《论语》中曾子讲话："吾日三省吾身：为人谋而不忠乎？与朋友交而不信乎？传不习乎？"每天至少要三次反省自己：我替人家办事，有没有诚心诚意帮人家办？我跟朋友交往，有没有采取诚信的态度？老师传授给我的学业，我有没有去复习？这就是古人讲的"反省"。

朱熹在解释"吾日三省吾身"的时候说:"以此三者日省吾身,有则改之,无则加勉。"意思是说,在你反省的时候,有时候你可能是并没有什么过失,但是"有则改之,无则加勉"。

在《论语·里仁》里面还有一个说法:"子曰:'见贤思齐焉,见不贤而内自省也。'""自省"代表人的一种自觉的要求。《论语》特别提到,当你看到好人好事时,要跟着学,可是见到不贤的人,同时也要反省自己。

在《荀子·修身》中,荀子说:"见善,修然必以自存也;见不善,愀然必以自省也。"这句话的意思是说,你见到善的东西、好的东西,一定要用善来修心。见到不善的时候,用忧虑的心来反省自己。

荀子又说:"善在身,介然必以自好也",如果你自己身上有好的地方,要坚定地发扬下去;"不善在身,灾然必以自恶也",如果你自己身上有不好的地方,如同遭受了什么灾祸一样,要赶快摒弃掉。

以上是儒家学说里提到的关于反省的一些话。还有一些话,虽然没有用到"反省"这个字,但是它的意思是一样的。比如,《周易》中蹇卦说:"山上有水,蹇;君子以反身修德"。

王阳明也讲省察克制。到明代以后,儒家主要在两个方面下功夫,一个是存养;另一个是省察。"慎独"就属于省察,即观察、反省自己的内心世界。王阳明说:"省察克治之功,则无时而可间,如去盗贼,须有个扫除廓清之意。""治"是治理,"间"是间断,就是说没有什么时候是可以间断的,就好像要剿灭盗贼一样，一定要彻底清除。他就提出一个办法，即"常如猫之捕鼠"，就好比猫看见老鼠以后，立刻就扑过去了，把它抓住，"一眼看着，一耳听着，才有一念萌动，即与克去，斩钉截铁，不可姑容，与他方便"①。

王阳明把"慎独"的"独"解释为良知，他就是专讲良知的。王阳明的学生也是讲"良知教"。王阳明有个学生每天晚上在家里念书，一次，家里面进来了一个贼，结果被他的家人给抓住了，就带到他屋子里来。儒家讲道德教育，这个学生不是马上把贼送官府，而是跟这个贼讲儒家之道，讲你得有良知，你得按照"良知教"去做。讲了半天，贼大笑，说："我的良知在哪里？你指给我看！"这个贼还很猖狂。王阳明的学生以前说教的对象都是良民，没有人提出过这样的问题。现在贼问良知在哪里？拿不拿得出证据来呢？这个学生只好说："你把衣服脱了，我就告诉你。"贼就脱了。他又说："你还没脱干净，还得脱。"贼就说，不能再脱了。这时，这个学生就大喝一声说："这就是你的良知！"

最早讲"良知"的是孟子，良知就是"不学而知"，不是学来的。孟子讲"四端"："恻隐之心，仁之端也；羞恶之心，义之端也。"人都有羞辱之心，你说你没有良知，我让你把你的裤子脱下来，你怎么不脱呢？这就是你的良知。就是说，即便是贼，也不是良知泯灭的。

---

① 《阳明先生集要》理学编卷一《传习录二》。

王阳明的学生有一段话：

> 良知者，性之所发也，日用之间，念虑初发，或善或
> 恶，或公或私，岂不自知之？知其不当为而犹为之者，私
> 欲之心重而恕己之心昏也。苟能于一起之时，察其为恶也，
> 则猛省而力去之，去一恶念，则生一善念矣。念念去恶为善，
> 则意之所发，心之所存，皆天理，是之谓知行合一。

什么是天理？天理就是道德原则，古人认为，这套法则是上天
所定的，就把它叫天理。这个法则不是人定的，是整个宇宙的
一个普遍法则。知行合一，就是"时时勤拂拭""念念去恶为善"。

王阳明还有一个学生讲：

> 喜来的时候一点检，怒来的时候一点检，惰怠的时候
> 一点检，放肆的时候一点检。

私意不见得明显的是要干坏事，"怠惰就是私意"，什么是省察？
这就是省察！即自我反省、自我检查。他又说：

> 每日点检，要见这念头自德性上发出，自气质上发出，
> 自习识上发出，自物欲上发出。如此省察，久久自识得本

来面目，初学最要知此。<sup>①</sup>

什么是本来面目？在佛教中，"本来面目"就是你的佛性很清静。据《坛经》记载，五祖传法之后，要慧能赶紧走，说："你不走，一会儿就会被人抓住。"六祖赶紧就跑了。结果快到广东这个地方，就有人追上来了。追上来的人说："你得告诉我，你到底得了什么法？"六祖就说："稍安毋躁，你现在就想想，你现在也不要思善，也不要思恶，然后你看，哪个是你的本来面目？"后来佛教里面讲话头，父母未生你之前，你不思善，不思恶，你的本来面目是什么？佛教讲的本来面目是指佛性，儒家讲的就是我们的良知善性。

梁启超《德育鉴》第五项讲省察克制："随时省察，每一动念，每一发言，每一用事，皆必以良知以自镜之。"就是你一动念，一发言，都要用良知这面镜子来照一下。"其为良知所不许者"，良知认为这是不对的，"即力予消除"，把它赶紧消除了。其中以省察及动念为最真，特别是意念发动的时候，这个时候最重要，"是曰：随时省察法"。

最后，讲一下"主敬"的问题。宋代有"二程"，哥哥叫程颢（1032—1085，字伯淳，被尊称为明道先生），弟弟叫程颐（1033—1107，字正叔，被尊称为伊川先生）。程颐特别强调"主敬"。作为"二程"的四传弟子，朱熹主要继承的就是程颐的思

---

① 《吕坤全集》之《呻吟语》卷一《存心》。

想。据记载，有一个人姓赵，来跟程颐来学。怎么学呢？程颐就让他体会"敬"字。过了两天，这个人又来请教，程颐就说："正衣冠，齐容貌而已"。总的来说，"主敬"有两个方面，第一个方面是对外，"正衣冠，齐容貌"，孔子说："君子正其衣冠，尊其瞻视"①；另外一方面就是内心保持警戒之心。

2013 年

---

① 《论语·尧曰》。

# 儒家的实践智慧

中国哲学有非常重视实践智慧的传统，可以说，实践智慧一直是中国哲学的主体和核心。儒家自孔子以来，更是强调哲学作为实践智慧的意义。儒家哲学思想的特点是：突出人的实践智慧，而不突出思辨的理论智慧；儒家的实践智慧始终强调以道德为基础，从不脱离德性；同时，又突出体现在重视修身成己的向度，亦即内心的自我转化；最后，儒家哲学思想总是强调实践智慧必须转化为实践的行动，达到知行合一的境界。

## 道德德性

众所周知，现代哲学越来越关注的"实践智慧"，与其直接的字面意义不同，它源于古希腊哲学，特别是亚里士多德的哲学。亚里士多德哲学中的 phronesis，英译曾为 prudence，中文译本以往亦多译为"明智"。而现在更多的学者从哲学诠释上把这个词译为"实践智慧"。它在亚里士多德的《尼各马可伦理学》第6卷被作为人类认识真理的五种方式之一，这五种方式即技术、科学、实践智慧、智慧和理智。

在亚里士多德哲学思想中，"智慧"的地位高于"实践智慧"。"实践智慧"（phronesis）追求的是对人有益的东西，这种有益主要是指人事的善，所以实践智慧与善的实践紧密联系着。而"智慧"（sophia）所追求的东西是深奥难懂的，对人没有实际的益处，是思辨的、理论的理智，即理论智慧，不是实践性的，没有实践的力量，它只有真与假，而不造成善与恶。

实践智慧的本义是强调德性实践中理智考虑、理性慎思的作用，是应对具体情境的理智能力。然而亚里士多德哲学思想中的"伦理德性"与作为理论德性之一的"实践智慧"之间的关系，往往是不清楚的，实践智慧有时被理解为工具性的方法，这也是近代以来在西方哲学中实践智慧脱离德性而成为聪明算计的一个原因。

由于 phronesis 多被译为"明智"，因此，狭义地看，在古代儒家哲学中，与 phronesis 较相近的概念是"智"。当我们说到哲学作为实践智慧时，我们也自然想到中国最古老的词典——约公元前 3 世纪成书的训诂词典《尔雅》的解释，《尔雅·释言》云："哲，智也。"近百余年来，中文用来翻译 philosophy 的"哲学"之"哲"，古代即以"智"为之释义，认为哲就是智，两者为同义词。在这个意义上，也可以说，古代中国早已经把哲学理解为智慧之学，虽然中国古代并没有独立的一门"哲学"。

"智"字从知，在春秋时代又通用于"知"。2世纪的词典《释名》说："智，知也，无所不知也。"可见"智"是智慧，"知"是知识，智不是普通的知识，而是高级的知识和能力。智又以见为前提，见是经验，晏子说："见足以知之者，智也。"①郭店楚简《五行篇》也说"见而知之，智也"，表示智慧需要以经验为基础，而不是脱离经验的理性活动。在公元前4世纪以前，中国哲学中的"智"多是就知人而言，指与人的世界相关的实践性能力和知识，有益于人的事物，而不是对宇宙世界普遍事物的知识。如《尚书》说"知人则哲"，《论语》中记载，孔子学生问"知"，"子曰：'知人'"。孟子也说："智足以知圣人。"这表明哲学是认识人的智慧，哲学与人的生活、人的本性、人的生命活动以及人道的法则有关，可见这里讲的"哲""智"即实践智慧。《周易》特别注重行动的实践智慧，把智慧表达为："知进退存亡，而不失其正者，其唯圣人乎？""知"进退存亡的具体节度而不离于善，即行动的实践智慧。因此，哲、明、智在中国古代皆有智之义。

　　孔子谈仁很多，谈智较少，他说"知者不惑"。这里的智即是明智。《中庸》讲三达德，智甚至排在首位，居于仁之前，可见《中庸》对智的重视。中庸之道是理性对实践情境的一种把握，由经验而来，《中庸》对智的强调和亚里士多德论实践智慧是一致的。《中庸》里还有一个重要的观点，就是主张"好学近乎知"。

---

① 《晏子春秋》卷七《重而异者》。

我们知道孔子虽然较少谈智,但孔子非常重视"好学",而按照《中庸》"好学近乎知"的看法,孔门提倡的"好学"和"智"是一致的,这提示了一个重要的通向实践智慧的诠释方向。

"好学"与智的关联性,在孔子关于"六言六蔽"的论述中最突出地表达出来:

> 子曰:"由也,汝闻六言六蔽矣乎?"对曰:"未也。""居,吾语汝。好仁不好学,其蔽也愚;好知不好学,其蔽也荡;好信不好学,其蔽也贼;好直不好学,其蔽也绞;好勇不好学,其蔽也乱;好刚不好学,其蔽也狂。"①

这一段话很重要,从德性论来说,它表示每一个类别的德性对人的意义,不是独立的,而是与其他德性相辅相成地发挥其作用的。只有诸德性的相辅相成,才能造就君子或圣人的中和不偏的人格,而在德性的相辅相成的结构里,"好学"占有突出的地位。仁、知、信、直、勇、刚这六种德性都是伦理德性,但是孔子强调,对伦理德性的追求离不开好学。所有的伦理德性若要中和地发挥其积极的作用,都不能离开好学的德性,不能离开好学的实践,否则这些伦理德性产生的作用就会偏而不正。由此可见,好学不仅是一种优秀的能力和特长,也是一种心智的取向,而这种能力和取向明显是指向知识的学习与教育

---

① 《论语·阳货》。

过程，指向明智的能力。这样就把伦理德性和理智德性结合起来了。在这个意义上，"好学"扮演的角色和好学所积累的能力也正是亚里士多德的"实践智慧"。

不过，在古典儒家思想对"智"的理解中，最重要的还是孟子的思想"是非之心，智也"。孟子的这一思想就把"知"与"明"引向了对是非的道德辨识。"是非"是道德的概念，于是"智"在孟子哲学中就成为主要的道德德性。这个意义上的实践智慧是辨别善恶、判断是非的智慧。汉代的儒学继承了孟子这一思想，确立了智和仁义并立的地位。宋代以后，"智"在儒学中一直是四项主德（仁、义、礼、智）之一。

## 修身功夫

儒家的实践智慧不限于对智德的提倡与实践，而是包含了丰富的内容。首先，在思辨与实践之间，孔子已经明确显示出了偏重，即重视实践而不重视思辨。孔子的学生认为孔子很少谈及性与天道，是孔子重视实践的明显例证。孔子对名的重视也只是重视名的政治实践功能，而不是名这一概念自身的抽象意义。早期儒家就已经确立了这种性格，在理论与实践之间，更注重发展实践智慧，而不是理论智慧，其原因正是在于儒家始终关注个人的善、社群的善、有益于人类事务的善。退一步说，孔子即使关心宇宙天道，也决不用"理论化的态度"①去谈论天道，而是以实践智慧的态度关注如何在人的生活世界与天道保持一致。整个儒学包括宋以后的新儒学都始终把首要的关注点置于实践的智慧而不是理论的智慧。当然，在儒家的体系中理论的智慧也是重要的，如《周易》代表的对宇宙的理解是儒家世界观的重要基础，宇宙的实体与变化是儒家哲学应当关心的，但站在儒家的立场上并在天人合一的框架下，对宇宙的关心不会完全独立于实践智慧，而是可以服务于实践智慧。

其次，儒家的实践智慧始终坚持智慧与德性、智慧与善的一致，而不是分离。亚里士多德所说的实践智慧是理性在道德实践中的作用，这种理性作用体现于在善的方向上采取恰当的、具体的行为，这是实践智慧作为理性之具体运用的特性。他说道德德性使活动的目的正确，实践智慧使我们在实现目的的过程中采取正确的手段，这里所说的正确的手段不是道德意义的，而是理性意义的。在这个意义上，实践智慧既不是道德德性，也不能提供善的目的，只是实践的具体方法。当然，亚里士多德也强调离开了实践智慧，道德德性的实践就不能掌握中道。他认为合乎实践智慧，伦理德性才能把事情做好，伦理德性必须有实践智慧的具体指导，而实践智慧一定是做好事的。无论如何，一个完整的道德实践必须有实践智慧的参与，由伦理德性完成，故可看出亚里士多德的实践智慧是强调实践中理性的

---

① 海德格尔把脱离生活实践的哲学态度叫作理论化的态度。——编注

具体作用，而不是强调伦理德性的导向作用。

此外，我们还可以从中看出，在亚里士多德哲学思想中，实践智慧指向的是"做事"（doing），把握恰当的时机，作出行动的决断，而无关乎"做人"（being），这与儒家不同。儒家的实践智慧主要指向的是"修身""做人"（learning to be a person）。或者换一个说法，希腊的实践智慧重在"成物"，而儒家的实践智慧重在"成人"（to be a ture person）。在儒家看来，亚里士多德的德性论是不完整的，他的实践智慧虽然与科学、技术、制作不同，但仍然是一种外向的理智理性，指向做事的行为（doing right things），而不是指自身德性的修养（being a good person），故不包含任何内在的觉解①。亚里士多德的实践智慧是做事的理性，此理性应有价值的理性来指导，而不能说伦理德性由实践智慧指导，因为伦理德性才是真正求善，而实践智慧是工具性的。儒家哲学的实践智慧在这方面更为明确，而且更具优越性。

中国现代哲学家冯友兰指出，从中国哲学的观点看哲学，哲学的功能在于改变或提高人的精神境界，获得一种看待世界的全新方式，因此提升心灵境界是中国哲学实践智慧的一个目的。精神的提升，内心的和谐、自由、宁静，这种心灵上的自我转化是实践的根本目标。

---

① 冯友兰先生说："醒于大梦，谓之觉；看透纷繁谓之解。人生的觉解，即不断跨越认识的界限，透过模糊的浓雾抵达本相，而境界亦随之提高。"——编注

实践智慧不仅表现为把精神的提升作为哲学的目的，而且表现为了实现这一目的所探索的各种功夫、手段、方法。儒家所说的心灵转化的方法不是古希腊的对话或沉思，而是以道德修身为根本的精神修炼。哲学的智慧必须为人的自我超越、自我提升、自我实现提供方向的指引和修持的方法。自我的转化即是内在的改造，是气质的根本变化，超越自己现有的状态，使生命达到一个更高的层次。

儒家哲学对哲学的了解是实践性的，而这种对实践的了解，不限于认识、改变外在世界，而更突出认识、改造主观世界。所以说儒家的实践智慧包含着人的自我转化与修养功夫，追求养成健全的人格，《大学》就是这一实践智慧的纲领。《大学》以"止于至善"为目的，就是确立实践活动的根本目的是至善（如亚里士多德之最高善），确立了儒家实践智慧的求善特性，而求善的具体修养功夫有慎独、正心、诚意、致知、格物。其中致知就是扩充、发展实践智慧，而扩充、发展实践智慧有赖于在具体行为上为善去恶，如止于仁、止于敬等，此即是格物。总之，内心的修养是儒家实践智慧的重点。当然，儒家的实践智慧在整体上包含治国、平天下，即对现实政治世界的改造，但这种改造以"己所不欲，勿施于人"为中心；而且《大学》讲得很清楚，自天子以至庶人，一切人、一切事都必须以修身为本。

修身是累积、扩充实践智慧的根本途径，人格的锻炼是儒家最看重的实践方面。《中庸》把慎独作为主要的、独立的功夫，由内在的"中"去建立行为的"和","修身以道""修身则道立"。同时,《中庸》强调君子的实践不离人的生活世界,愚夫愚妇可以与知,因为"道不远人,人之为道而远人,不可以为道",实践智慧要求理性的运用不可以离开人伦日用常行的世界。《中庸》又提出"时中",而"时中"是"在事之中",是"随时而中""做得恰好",是针对个别事物、特殊境况的,这正是实践智慧在做事方面恰当运用的状态。《中庸》最后要达到的是诚者不勉而中、不思而得、从容中道的圣人境界。

儒家的实践智慧又被概括为"为己之学","为己"的意义就是"己"的发展、转化,而美德的培养和精神修炼都是以"成己"为宗旨的。这些致力发展美德的精神修炼即是基督宗教所谓的精神性。《中庸》说:"诚者,非自成己而已也,所以成物也。成己,仁也;成物,知也。性之德也,合外内之道也,故时措之宜也。"这里的知即狭义的智,指向成物,这与古希腊是一致的,但广义的实践智慧是成己与成物的合一,既包含着以诚成己,也包含着成物之智,而成物之智联系着时措之宜,后者正是亚里士多德强调的实践智慧,即做事要符合中庸之道,要恰到好处。但在儒家思想中,这一切成物的时措之宜是以修身成己为基础、为根据的。

# 知行合一

儒家实践智慧的一个特色是关注实践主体。从儒家的立场,广义理解的实践智慧应当包含修身的向度，重视德性的修养是儒家德性伦理学与亚里士多德德性伦理的一个根本不同。这种立场包含着把哲学作为一种生活方式的理解，从而实践的智慧不仅仅是做事恰当合宜的智慧，而且是面对人生的大智慧。此外，亚里士多德的实践智慧只说了理性对行为的具体指导，而真正的生活实践需要处理知行的关系。因为实践智慧的作用可以说正是要把"德性所知"与具体境遇连接在一起而成为完整的行动，把价值承诺落实在行动上。在儒家看来，不仅是德性所知，经典世界中的一切叙述若要通向现实世界，就必须由实践来完成，实践的智慧必须转化为实践的行动。实践智慧作为"知"本身就要求落实为"行"。

在儒家思想中，"实践"本身就常常意味着道德修身的践行活动。《中庸》提出了"博学之，审问之，慎思之，明辨之，笃行之"，其中就包括了"笃行"，这也是《中庸》实践智慧的重要方面。这表明，"中庸"与知（智）关联较多，智既是道德德性，也是实践智慧，而实践智慧必须包括对已知美德的践行。

宋代以后，儒学中的"实践"概念被广泛运用，而实践和躬行连用的情况甚多。后世的历史编纂学家认为，北宋新儒家以"实践之学"为宗旨，南宋儒学的特征被称为"默然实践"，朱子哲学被概括为"其学以求诚为本，躬行实践为事"。一些历史编纂学家认为宋明理学就是"以实践为宗旨"，理学家强调"圣贤所重在实践""穷理以致知，反躬以实践"，成为理学对实践重视的明证。

明代哲学家王阳明指出："凡谓之行者，只是着实去做这件事。若着实做学问思辨的工夫，则学问思辨亦便是行矣。学是学做这件事，问是问做这件事，思辨是思辨做这件事，则行亦便是学问思辨矣。若谓学问思辨之，然后去行，却如何悬空先去学问思辨得？行时又如何去得个做学问思辨的事？行之明觉精察处，便是知；知之真切笃实处，便是行。"[①]亚里士多德的实践智慧是指向行动的慎思明辨，而王阳明所说的"思辨是思辨做这件事"，意思与之相近；王阳明所说的"行之明觉精察处，便是知""知之真切笃实处，便是行"，既强调实践智慧是对行动的明觉精察，也同时强调实践智慧作为知必须和行结合在一起。

在中国古代思想中，孔子以前都使用"德行"的观念，有时简称为德。古代"德行"的观念不区分内在和外在，笼统地兼指道德品质和道德行为，重点在道德行为。其实，早期儒家便在德的问题上与亚里士多德有差别。虽然孟子主要关注"德性"的问题，但孔子和其他早期儒家重视"德行"的观念，主张德行合一、知行合一，而不主张把德仅仅看作内在的品质，而是强调要同时注重外在的行为。可见，儒家的实践智慧必须强调践行的意义。同时智不是仅仅作选择，作判断，或进行推理，知必须关注行，联结到行，落实到行。如果知而不行，那不是意志薄弱的问题，而是实践智慧本身发展得不够，扩充得不够，

---

① 《阳明先生集要》理学编卷三《答友人问书》。

还没有获得实践智慧的"真知"。

如前所说"致知"即是扩充实践智慧，明代的王阳明指出智或知应当是良知，而致良知必须知行合一。因此，在儒家的立场上，实践智慧是伦理德性，也是道德知识，故实践智慧强调 知行合一。这和现代哲学家海德格尔的思想有些类似。海德格尔认为，以实践智慧为良知，对自己实际的生存作出决断，以回归本真的生存状态。因此儒学对哲学的理解，不是关注超感性领域，更不重视理论构造、抽象推理和逻辑演绎，儒家的哲学观显然不是海德格尔所批评的"理论化的态度"，儒家强调的是在生命世界中的生命体验、实践，而这种生命实践是以人和道德实践为中心的。

## 成物之道

最后略谈一下儒家实践智慧中的成物之道。自孔子以来，儒家的实践智慧强调以道德为基础而不脱离道德德性，然而由于前孔子时代产生的《周易》是儒家尊奉的经典，于是在儒家尽力把对《周易》的诠释向德行方面转化的同时，《周易》自身带有的吉凶意识和世俗智慧也影响到儒家的智慧思想，从而使儒家的实践智慧也涉及做事的"成物"部分。

在亚里士多德的实践智慧中，包含了工具性的审慎计度，在后来的伦理思想史上，也可以看到把审慎、精明等作为重要德性的思想，注重做事的成功之道、聪明和机巧。其实在古希腊如伊索克拉底的思想中，明智就是审时度势、随机应变的行动能力，反映了实践智慧的日常性、世俗性的一面。这与实践智慧是针对具体事物的特性有关，古希腊的明智是一种智性能力，是实现具体目的的手段，也是把握实践情境的具体尺度的智慧。

就儒家智德的广义内涵而言，其重要内容是明辨是非，不受外界迷惑。其他的内容也包括识利害、通变化，正确决断，趋利避害，求得成功等。这些内容主要是由《周易》系统所带来的。《周易》的基本思想是吉凶利害，而非德性修身，但关注吉凶利害是人的实践领域所需要的，故儒家也予以重视。这一类是"非道德"的实践智慧，而"非道德"（non-moral）不是"反道德"（immoral），故这种道德中立的实用理性在中国文化中也受到道家等各家的推崇，反映了中国智慧的重要方面。在亚里士多德的思想中，实践智慧不是道德德性，只是一种非道德的理智状态，实践智慧针对人的幸福，这些都与《周易》对吉凶智慧的追求相通，故可以说《周易》讲的智慧更接近亚里士多德说的明智。但《周易》有两个层面，卜筮的操作针对具体事项，而通变的智慧不针对具体的事项，这是与亚里士多德不同的。

如《周易·系辞上》说，"是故吉凶者，失得之象也；悔吝者，忧虞之象也；变化者，进退之象也""知变化之道者，其知神之所为乎？"《周易》追求的是在变化中"吉无不利"。吉凶亦即祸福，知祸福就是明智。贾谊说："深知祸福谓之智，反知为愚。亟见窕察谓之慧，反慧为童。"① 董仲舒说："智者见祸福远，其知利害蚤，物动而知其化，事兴而知其归，见始而知其终……如是者谓之智。"② 从总体上来说，经过《十翼》的发挥，在儒家思想中，《周易》的智慧已主要不是关注个别具体事务的成败、利害、吉凶，而是着眼于掌握和理解重大的变化之道，以"开物成务"，如《系辞传》所说的"通天下之志，成天下之务"。

　　总之，从现代哲学的讨论所针对的问题如技术理性的统治而言，儒家的实践智慧与亚里士多德的实践智慧相比有其特色，也有其优越之处，即毫不犹豫地强调道德的善是人类实践的根本目标，重视人的精神修养功夫和实践。当然，儒学的实践智慧虽然重视向内的功夫，但不离世间万物，且能发展为积极的社会政治态度与实践，促进社会改造和政治改良。然而，这就是《大学》八条目中"治国、平天下"的范围了，正如亚里士多德的实践智慧广义上也包括政治学一样，这就不在今天讨论的范围之内了。

2016 年

---

① 《新书·道术》。
② 《春秋繁露·必仁且智》。

# 孔子和儒学对当今社会管理的意义

一百多年来，儒学在经受了西方文化的冲击，现代化过程的考验后，又开始焕发生机。整个社会对传统文化和儒学有着高度的热情，儒学迎来了新的发展机遇。随着时代的变化，需要用新的眼光来看传统文化和儒家思想。

## 儒家治国理想的六大精髓

### 以人为本

在古代，以人为本是儒家两千多年前就提出的观点。以人为本，在儒家思想中，有自己的一些提法，它解决这么几个问题：

#### 解决人和神的关系

儒家讲以人为本，与之相对的是以神为本的思想，所以它代表一种人文思想的进步。其实从西周开始就有人文思潮的跃动。在这个跃动中,把人和神的关系颠倒过来,不是"神是人的",而是"人是神的"。

**解决人和法的问题**

荀子讲:"有治人,无治法。"[①] 即没有现成的法律,你拿过来就能很好地治理国家,只有找到对的人,有君子,才能够实行这套法律。当时他讲的法,更多讲的是法代表的制度,最关键的是人和法之间的关系,其实也就是人和制度之间的关系。

人和法之间要以人为本,人和制度之间也要以人为本,这是古代儒家一个很重要的观念。人的思想、善的力量不能代替行政的力量,可是制度本身并没有实践能力,所以人和制度两方面要结合起来,结合的模式是以人为本。

**解决人和物的关系**

人的生存依赖于物品,对物品的欲望是人的第一个欲望。但是坚持人本,反对物本,就是人不能为物品所左右,要坚持人对物的主导性。

除此以外,再提到一点,如果和整个近代西方的人文主义思潮相对比的话,中国的以人为本有什么特点呢? 西方的人文思潮,这个"人"更多的是个人,强调个人的权利。古代中国的"人",以人为本,这个"人"不是以个人为本,它不是仅仅

———————

① 《荀子·君道》。

强调自我发展，重视个人权益，而且是更多地强调在人际关系中、在人文关系中所存在的人。

## 以民为本

刚才我们讲以人为本，这个"人"还是比较抽象。如果再进一步看儒家的治国理念，它有一个最基本的观念，就是"以民为本"，而不是以君主为本。

有一句话是讲人民跟上天的关系，"民之所欲，天必从之"①。在孟子的时代，儒家的思想大师提出"民贵君轻"，就是人民的地位和重要性要远远超过君主。在君主制的时代，这是很难得的。这样的思想支配了中国几千年。

"以民为本"，这个"民"字里包含什么样的内容？近代以来，比如孙中山先生提出的"三民主义"，就有民族、民权、民生三个不同的层次。应该说在古代儒家思想里，"以民为本"中的"民"字，强调的是民生方面。

## 以德为本

在第三点和第二点之间有一个过渡，就是孟子的思想——"善政不如善教"。善政就是善于政治管理，善教就是善于教化人民。"善政使民畏之，善教使民爱之。"儒家的思想，特别是就孟子来讲，他是把行政力、执行力看得很重要，但是认为这

---

① 《尚书·皋陶谟》。

不是最重要的，行政力、执行力在聚敛财富、得民财方面是有利的，但是从治理国家的大局来看，得民心更重要。以德为本就是要得民心。

关于怎样为政，孔子最典型的一个回答，就是"道之以政，齐之以刑，民免而无耻；道之以德，齐之以礼，有耻且格。"[1] 仅仅靠法律、政令以及刑罚去治理一个国家，在这样的社会，人民是没有羞耻心的。如果一个国家治理得再井井有条，但是人们没有羞耻心，这不能算是成功。"道之以德，齐之以礼"比"道之以政，齐之以刑"更可取。"有耻且格"，人民有羞耻心，这才是一种比较理想的治国方式。

## 修身为本

修身又叫作"正身"，就是修正自身。修身不是修理你的身体，身是代表你的行为，你要修正你的行为，"正"也是说要端正你的行为。

孔子说："政者，正也。子帅以正，孰敢不正？"[2] 你自己率先修身、正身，谁还能不正。他说，"其身正，不令则行；其身不正，虽令不从。"[3] 对孔子来讲，政治的本质不是去纠正人民，民为贵，人民是最重要的，"正"是要正领导者自己。他对领导者的表率作用，有特别大的信任，这是儒家思想一个最重要的特点——

---

① 《论语·为政》。
② 《论语·颜渊》。
③ 《论语·子路》。

理解为对外关系的一种战略，但是就古代来讲，王道有内有外，它始终涉及到怎样得民心的问题。

## 儒学在当代中国的四个阶段

### 第一个阶段：1949 年到 1965 年

这个阶段叫政治建构的阶段，因为它在本质上延续了前面的政治革命，甚至可以说它是国内革命战争的一种政治的继续。这一阶段的基调是革命，即用革命的意识形态，来批判各种日常生活的文化。儒家讲究的日常的道德伦理和生活规则，在1949 年以后受到革命文化的批判。儒家允许革命，但是儒家在原则上不把革命看成常态，所以它不提倡革命主义，而认为常态是日常生活伦理。

### 第二阶段：1966 年到 1976 年"文化大革命"

"文化大革命"时期，我们用一个正面的词叫"继续革命"。这一阶段在文化上的表现就是批孔，当时认为法家是革新的，儒家是保守的，因此用一种斗争的意识形态来批判守成的文化主义。毛主席很强调斗争，他说："安定团结不是不要阶级斗争，阶级斗争是纲，其余都是目。"我们知道，儒家是崇尚安定团结的文化，所以在这个特定的时代受到了批判。

## 第三阶段：十一届三中全会以后

我国的经济体制改革取得了很大的发展，当然也有很多问题。总体来讲，这个阶段是比较忽略文化的，因为经济改革是这个时期主要的任务。在这个阶段，儒学的角色不是给经济改革提供一种动员的力量，而是"正其谊不谋其利"等高尚人格的倡导者，因为儒学本质上是道德秩序的维护者。

## 第四阶段：新世纪以来

这个阶段的重点是整个文化秩序的重建，我国从阶级斗争转变到经济建设，从单纯的经济改革走向和谐社会的建构，所以我们开始更加重视安定团结、治国安邦的思想。尤其是在20世纪90年代后期以来，中华民族的伟大复兴和中华文化的伟大复兴，这两个口号提出以后，我们又开始看到，社会从下往上、从上往下，对传统文化和儒学有高度的热情。也就是说在这样一个重视协调发展和文化重建的阶段，跟其他传统文化一样，儒学开始复兴。一百多年来，儒学走出低谷之后，在新世纪，可以说，我们在应对西方文化的冲击，经受现代化过程的考验的过程中，在儒学经历了一系列的转化之后，开始焕发生机，迎来了新的发展机遇。今天跟30年前、60年前已经完全不一样了，所以我们需要用新的眼光来看传统文化和儒家思想。

2014 年

# 孟子思想的时代价值

孟子思想的时代价值，即孟子思想为我们涵养社会主义核心价值能够提供最直接、最重要的基础。这是我的一个基本认识。那么我再解释一下，为什么讲仁爱跟孟子的思想有密切的关系？孔子不是也讲仁爱吗？我觉得在讲仁爱方面两者还是有区别的？孟子发展了孔子的思想。孔子是第一个把"仁"提到最重要的地位，将其视作一个完整的价值的思想家。在孔子思想里，"仁"基本上是道德、伦理的价值。他特别强调作为道德的仁以及修身的仁。所以，阐述"仁"在个人的道德、修身方面的意义，是孔子思想的一个重点。当然在"仁者爱人"中"爱人"也涉及到人和人的伦理关系，但是孔子思想中主要是讲人的德行、人的修身、人的道德。

首先，孟子讲仁爱，但是仁爱在孟子思想中已经不是重点，他强调的不是个人的道德、修身，而是要把它扩大到社会价值的层面。传统上我们把仁、义、礼、智看作最重要的个人道德，但是今天在讲道德和价值的关系时，我们要看到仁、义、礼、智不仅是个人的道德，而且是社会的价值。在这一点上，孟子的贡献非常突出，他把原来孔子重点放在个人道德、修身这方面的仁，扩大到整个社会。在社会的层次上来讲仁爱，这就是仁政。我们知道孟子讲"发政施仁"，要把"仁"这个理念贯彻到整个政治和行政中去。因此，这样的"仁"不仅仅是个人的道德了，而是治国理政的根本法则，变成社会的价值了。今天我们不是讲社会主义核心价值有三组吗？第一组是国家层面，第二组是社会层面，最后是个人层面。孟子已经把儒家的仁、义、礼、智扩大到个人以外的社会的、国家的层面，我觉得这是孟子的一个贡献，也是我们今天能够在社会性的价值方面发扬孔子思想的一个根据。

其次，我们知道孟子思想中，国内外大家都比较关注"王道"的思想。应该说"王道"的思想也是从仁爱中发展出来的一种思想。"王道"的概念当然不是孟子第一个提出来的，"王道"的思想就是以德服人，这一思想应该说是孟子第一个阐发的，而且应该说他发挥了孔子的仁爱思想。关于治天下，孟子最有名的思想就是我们今天说的"得民心者得天下""失民心者失天下"，从这个角度来讲治天下的道理，这也是孟子的发展。我想"仁政""王道""得天下，治天下"这三点，都是从仁的角度发展出来的，这是孟子的一大贡献。跟中华文化的核心价值连接起来，仁爱不是狭义的，也不仅是我们道德上的仁、伦理上的爱，而且是社会价值，也就是我们治国理政所能用到的价值。这样"仁"就变成我们对待社会、对待政治、对待整个天下的基本原则，这也是我们今天讲孟子思想的当代价值很重要的一点。

最后就是重民本。毫无疑问，历史上的重民本思想当然是要归功于孟子的，这一点我想不必多说。我想讲的是"讲仁爱"和"重民本"有没有关系？我觉得在理论上可以探讨一下这个问题。应该说民本思想在中国思想中是有根源的。在古代，在《尚书》中就已经有"民为邦本"这种思想了。另外在宗教层次上，人们也肯定了民本思想，比如说"天视自我民视，天听自我民听"，就是说上天没有独立的视听，没有独立的意志，它是以老百姓的意志为意志，以老百姓的视听为视听，这当然都是民本思想。如果今天我们讲孟子思想的意义，就要看到孟子是儒家，儒家思想讲民本是从仁的思想推导出来的。一方面，孟子传承了上古以来重视民众的看法；另一方面，孟子的思想体系中是因为有了"仁"的思想，才从仁推导出民本，而"仁"是儒家思想中一个更普遍的原则。孟子后来提倡"仁民而爱物"①，即对人亲善，进而爱护整个自然界的生物。从仁民的讲法也可以看出，孟子把对老百姓的态度也归到仁。认识孟子思想，我想也应该肯定孟子以儒家的

---

① 《孟子·尽心上》："君子之于物也，爱之而弗仁；于民也，仁之而弗亲，亲亲而仁民，仁民而爱物。"——编注

以人为本为基点，发展出很多重要的社会价值，这些价值不仅在历史上成为中国社会文化的基本核心价值，就今天来讲，它仍然能够成为我们涵养社会主义核心价值的重要源泉。

2014 年

# 荀子的礼义观

在物品有限供给的情况下，如何防止、息灭争夺，如何摆脱自然状态？荀子认为必须立"分"。

> 礼起于何也？曰：人生而有欲，欲而不得，则不能无求。求而无度量分界，则不能不争。争则乱，乱则穷。先王恶其乱也，故制礼义以分之，以养人之欲，给人之求。使欲必不穷乎物，物必不屈于欲，两者相持而长，是礼之所起也。[①]

这里涉及到不平等的起源问题，荀子这种"论不平等的起源"，是从如何平衡"资源—欲望"的关系来讲的，它属于从功利、工具层面立论的。照这个说法，自然欲望的公理是根本的一项，在这个论证中，政治学定理和经济学定理都未出场。可见，

---

① 《荀子·礼论》。

荀子的论证在不同的脉络中有不同的侧重。但就逻辑关系而言，政治学定理和经济学定理都可视为自然欲望公理的延伸。在上面这段话里，"欲—求—争"是原始的自然状态的主要结构，"欲"是心理层面的，"求"是行为动作的，这是欲和求的分别。以前的解释习惯于笼统地把"分"解释为名分，其实这并不能包含其用法的复杂性。度量分界的分（fèn）即是"分均则不偏"的分，分即等级秩序的安排。而"制礼义以分之"的分则是划分度量分界。二者虽有名词、动词的不同，但其精神是一致的。

> 人之生，不能无群；群而无分则争；争则乱；乱则穷矣。故无分者，人之大害也；有分者，天下之本利也；而人君者，所以管分之枢要也……[①]

这表明荀子在政治哲学上不仅从争的起源来看问题，也在整体上注重"群"。在他看来，群体生活的根本条件就是"分"。分是对欲望满足的限制，有分是"群道"。这种分并不是人性自然包含或带来的，而是外在于人的。人能够认识"分"对群体生活的意义，从而接受并遵守之。

前面我们概括荀子的思想是主张欲同必争，欲多必争，势同必争，在这里，荀子认为群居无分必争，同求无分必争。求即需求，无分即无所限制的自然状态，他强调自然状态必然导

———————————

[①] 《荀子·富国》。

致争斗。息争止夺的条件则是"分",而分不是自然产生的。因此,表面上,"无分则争"与"欲同则争"都是同一类的论证话语,都属于通过论述"必争"而对"争"进行根源性的论证,其实两者有所不同。人的欲望是不可改变的,而分能否建立是依赖于人的。因此,与其说无分则争,不如说分是息争的条件,分不仅是息争的条件,而且是群居的根本条件。因此,自然欲望公理及其所属的两个定理——政治学定理和经济学定理,都是论究"争"的根源。在这个意义上,"无分则争""有分则无争"所表达的"群居"的社会学定理,是属于论究"息争"的条件,而不是关于争的起源的认知。

荀子讲"离居不相待则穷,群而无分则争"[1],也就是这个意思,都是要一方面阐明"争"的根源;另一方面论证礼制的目的是息争归和以维持群居的生活。"分"代表一种社会分级系统,即一种等级化的制度,此种制度规定了一个人在此系统中的政治地位和消费限制。政治地位的分级使人的势位有高有低,确保政治领导成为可能;消费的等级限制使得物品的有限供给不会产生社会冲突。这就是"制礼义以分之,以养人之欲,给人之求"。礼或礼义便是规定度量分界的分的体系。人君则是掌管分的体系的中枢。

"分"与"辨"又有关联,荀子说:

----

① 《荀子·富国》。

人之所以为人者，何已也？曰：以其有辨也。饥而欲
食，寒而欲暖，劳而欲息，好利而恶害，是人之所生而有也，
是无待而然者也，是禹、桀之所同也。然则人之所以为人者，
非特以二足而无毛也，以其有辨也。今夫狌狌形笑，亦二
足而无毛也，然而君子啜其羹，食其胾。故人之所以为人者，
非特以其二足而无毛也，以其有辨也。夫禽兽有父子而无
父子之亲，有牝牡而无男女之别。故人道莫不有辨。[①]

　　荀子认为，人之所以为人的人类特性，人与动物不同的特
性，既非人的类本质，亦非他所说的人性。那么，人之所以为
人的特性与人性什么关系？在荀子看来，人性就是天生的情，
为本始朴材；性是人生而具有，不是指人生而独有，与动物不
同的性质。他认为，人性与人道不同，人性是自然，而不是当
然。人道是当然，却不是自然，人道是人的社会生活得以成立
的原理。荀子以"人之所以为人"为"人道"，而非"人性"，
故人性不是"人之所以为人者"。可见人性和人道的分别，亦
是自然和当然的分别。如果进一步分析，人之所以为人的"人"
究竟是个人，还是人类社群，也是值得注意的，有辨的人作为
社群的成员具有"辨"的社会意识，显然并不是自然的个人，
而是社会化的人群。父子之亲、男女之别，也是指人群的行
为。在这个意义上，"人之所以为人"在这里应是指人群社会的

---

① 《荀子·非相》。

特性而言。

荀子把"辨"看作是人之所以为人者，这里的"辨"不是目辨黑白、耳辨清浊的个人知觉，而是父子有亲、男女有别的社会伦理，这种对父子之亲和男女之别（男女之别应当和等级之分不同，故这里的辨并不能直接指向等级制）的分别才是人道的基础。分析来看，辨有二义，一是主观的，即意识知觉的辨别；二是客观的，即社会意义的辨，即人的社会分位的分别，这个意义的辨也就是分。

在后一种意义上，即辨的客观意义上，荀子把辨和礼连接在一起：

> 辨莫大于分，分莫大于礼，礼莫大于圣王。圣王有百，吾孰法焉？故曰：文久而息，节族久而绝，守法数之有司极礼而褫。故曰：欲观圣王之迹，则于其粲然者矣，后王是也。彼后王者，天下之君也；舍后王而道上古，譬之是犹舍己之君，而事人之君也。故曰：欲观千岁，则数今日；欲知亿万，则审一二；欲知上世，则审周道；欲知周道，则审其人，所贵君子。[①]

父子之亲、男女之别，即是辨，又是分，也是礼，因为区别是分位的基础，礼则是分位的体系。

---

① 《荀子·非相》。

需要指出的是，固然人若不群，而土地无限广大，则亦可不争，但这是不可能的。"人生不能无群"，的确是荀子思想逻辑体系的基点，是比无分必争的社会定理更为基础性的、对社会理解的一个前提条件。

通过进一步分析荀子的思想，我们会发现分、辨体现于社会规范体系，便是"礼"；礼反映在意识和原则上，便是"义"：

> 水火有气而无生，草木有生而无知，禽兽有知而无义，人有气、有生、有知，亦且有义，故最为天下贵也。力不若牛，走不若马，而牛马为用，何也？曰：人能群，彼不能群也。人何以能群？曰：分。分何以能行？曰：义。故义以分则和，和则一，一则多力，多力则强，强则胜物，故宫室可得而居也。故序四时，裁万物，兼利天下，无它故焉，得之分义也。故人生不能无群，群而无分则争，争则乱，乱则离，离则弱，弱则不能胜物，故宫室不可得而居也，不可少顷舍礼义之谓也。能以事亲谓之孝，能以事兄谓之弟，能以事上谓之顺，能以使下谓之君。君者，善群也。群道当则万物皆得其宜，六畜皆得其长，群生皆得其命。①

禽兽有知而无义，则"义"作为人与动物的区别特性，应当属于"人之所以为人"，这个"义"是道德和伦理的范畴。"义"

---

① 《荀子·王制》。

不是生而具有的，但可以说是以人的理性为基础的。荀子认为人能群，牛马不能群，说明这里的"群"不是指成群结队，而是结成具有一定结构的社群，"分"则是人类社群得以结成的关键。分的社会结构是以义的价值理念为其依据的，义为分提供了实践动力和价值正当性，即所谓"分何以能行？曰：义。故义以分则和"。义就是处理人的社会关系的各项原则，如孝、悌、顺等。礼义是社会规范与价值体系。当然，人能群并不表示人天生具有社会性。

现在我们来看荀子对礼义的起源的说明。社会需要礼义之分，那么礼义之分是如何起源的？概而言之，荀子以"先王制礼论"说明礼义的起源：

> 争则必乱，乱则穷矣。先王恶其乱也，故制礼义以分之，使有贫富贵贱之等，足以相兼临者，是养天下之本也。书曰："维齐非齐。"此之谓也。[1]

> 故先王案为之制礼义以分之，使有贵贱之等，长幼之差，知愚能不能之分，皆使人载其事而各得其宜。然后使谷禄多少厚薄之称，是夫群居和一之道也。[2]

---

[1] 《荀子·王制》。
[2] 《荀子·荣辱》。

礼起于何也？曰：人生而有欲，欲而不得，则不能无求；求而无度量分界，则不能不争；争则乱，乱则穷。先王恶其乱也，故制礼义以分之，以养人之欲，给人之求。使欲必不穷于物，物必不屈于欲。两者相持而长，是礼之所起也。[①]

故古者圣人以人之性恶，以为偏险而不正，悖乱而不治，故为之立君上之埶以临之，明礼义以化之，起法正以治之，重刑罚以禁之，使天下皆出于治，合于善也[②]。

"先王制礼义以分之"，是荀子反复、明确宣称的、对礼制的起源的解释，当然，他也偶尔用"圣人"代替"先王"，从其思想来看，还是先王论更能代表其思想。先王制礼说实际上表达了荀子对政治制度的重视，人类社群早期的政治领导者面对势不能容、物不能赡而导致的争夺及其对人类社群的危害，发明了礼义制度。这个等级化的制度和规范体系是通过国家、政治权威的强制性来保证的，而礼义制度的形成是为了限制人的自然欲望，满足人类社群生活的需要，也是为了保证社会生活的和平无争。

如果礼义是先王的创制，那么礼与天地的关系应该如何看待？在春秋时代，人们认为礼是来自于天之经、地之义的。荀

---

① 《荀子·礼记》。
② 《荀子·性恶》。

子说过"礼有三本"，以天地为三本之首，但荀子在他的时代更重视先王圣人，故说："天能生物，不能辨物也；地能载人，不能治人也；宇中万物、生人之属，待圣人然后分也。"因此，荀子已经很少把人道礼义追溯到天地宇宙，而突出圣王制礼义的观念。这是一个值得注意的变化，即荀子对于礼义，不重视自然法的论证，而更重视圣王的作用，这实际是重视人类政治经验和政治理性在历史实践中的作用。

在荀子的时代，礼义制度是人的理性的结果这一思想，不是绝对不能表达，如可以表达为：古之人见其乱也，心知其理，故制礼义以止其争。但荀子不同意这样的说法，而始终坚持先王制礼说，这明显突出了政治权威和历史实践的作用，即早期政治领导者在政治实践中认识到礼义制度才是止息争夺的根本办法。用哲学的话说，理性通过政治权威和历史实践来发生作用。但是如果突出政治权威，则人对礼义只是对政治权力及体制的服从，价值上的认同又从何而来？此外，先王不是泛指历史上过去的君王，它实际指的是圣王。圣王的概念突出了政治权力的主观因素，这种主观因素不是指身份，而是特指其智慧和道德。在政治领域，道德主要是公正，智慧即认识人群事务的理性能力。而礼义制度说到底就是政治制度，礼制的政治合法性似是荀子心目中重要的主题。在礼制的合法性基础是什么，礼制是如何形成的问题上，荀子倾向于认为礼制合法性的基础是社群的整体利益，其形成依赖于圣王所代表的人的理性和能力。所以，用先王说来说明政治制度的形成在荀子看来是最简明的、最有说服力的方式。

如果礼义只是某几个圣王的创制，为什么人们会接受礼义，认同礼义？这是因为圣王作为早期历史的政治领导者代表政治权威，或其创制的"礼义法正"成了既定的社会传统，还是人们普遍认识到礼义是社会生活的需要。如果说人们因为尊崇政治权威和制度传统而接受礼义制度，人们如何能在内心认同它？在这些方面，荀子的论断，往往在逻辑上并不一致，有的论述含混不清。对他的根本论断，他似乎并没有完成论证，各篇的论证也有时脱节。而我们所关注的是荀子在书中提供了哪些论证，而不是这些论证是否构成严密的逻辑关系。

人需要礼制是因为人性恶（感性本性、欲望本性），但人之所以能建立礼制并服从它，又是因为人有理性。说到底，理性虽未出场，但却产生着作用，圣人是人的理性的代言者。圣人可以洞见人类社群生活的真正需要，于是制定政治礼制；而人们有理性，故能接受圣人的创制并认同之。所以，在荀子的哲学思想中，理性隐藏着，但作用无所不在。礼制的建立和起源，本质上是为了满足社群生活的现实需要而创立的，道德则是其中的一部分。圣人就是人类理性的化身。人心之知能克制本性欲望，学习社会规范和习俗，提升修养，发展德性，使理性彰明，并使人走向成熟。

2009 年

# 朱子其人其学

所谓朱子学，就是朱熹及其学派的思想学术。朱子学不仅对中国文化产生了深远影响，而且在五六百年前就已经向境外传播，在当时的韩国、日本、越南，甚至在整个东亚地区都产生了重大影响。

关于朱子学的定位，20 世纪 80 年代后期，著名历史学家蔡尚思提出："东周出孔丘，南宋有朱熹，中国古文化，泰山与武夷"。泰山就在山东，武夷山在闽北，朱熹从十几岁起就居住在武夷山下。这句话的意思是说，泰山与武夷山是中国古文化的两大高峰和主要标志。在中国文化史和教育学上影响最大的，前推孔子，后推朱熹。特别是宋以后，孔孟程朱成为我们整个社会文化的主导力量，"家孔孟而户程朱"，也就是说，家家户户没有不知道孔孟程朱的。蔡尚思先生其实对传统文化是有很强的批判立场的，但是他能对朱熹在中国文化史上的地位作出这样高的评价，说明朱熹在理学方面确实有重要的贡献。

其实，从 3000 年的中国文化史来说，蔡尚思先生的评价是有一定理由的。夏代大约是从公元前 21 世纪开始，经商、周，到孔子出生(约公元前 6 世纪)差不多是 1500 年的时间。可以说，三代的文化传承到孔子，孔子对这 1500 年的中国文化作了一个总结。在这个意义上，孔子是中国文化史上第一个集大成式的人物。孔子以后又经过了大约 1500 年，到了宋代，朱熹（1130 年出生）对孔子以后的儒学又进行了总结，其中也包括对以前的儒学的继承和发展。因此，如果说中国文化史上有两个集大成的人物，那么第一个是孔子，第二个就是朱熹。

孔子总结的是上古时代的文化，他对中华文明的起源和最初发展作了总结。他一方面总结了夏、商、周到春秋 1500 年的早期中华文化；另一方面又通过他在思想上的阐发，塑造了此后中华文化发展的气质，塑造了中华民族的文化心灵。宋代以前的各个时代的儒家学者，都是在传承、发展孔子的这些思想。

到了宋代，经过魏晋、隋唐时期佛教、道教的繁盛发展，中国文化批判地吸收了佛、道二教的思想文化营养，儒学发展成为新儒学，也就是宋明理学，它支配了南宋后期至元、明、清几百年的儒学发展。而宋明理学的主流就是朱子学。所以，后世对朱熹有如此高的评价就不足为奇了。

明清之际的黄宗羲在《宋元学案》中用三句话概括了朱熹的学术体系，"致广大，尽精微，综罗百代"。"广大"就是规模宏大；"精微"就是内容精细；"综罗百代"就是说他对整个历史文化进行了全面综合。

在即将迈入 21 世纪时，一些人在总结全球在过去 1000 年里最重要的历史和文化代表人物，名单中提到了 5 个人，其中就有朱熹。也就是说，朱熹不仅仅是中国历史文化上有巨大影响力的人物，也是能够代表世界历史文化发展的重要人物。

## 朱子其人

我们先来讲一下朱熹的成长史。朱熹的原籍是徽州婺源（今属江西）。他的父亲朱松早年在福建政和县做官，祖父随着一起来到福建，后来祖父病故，因为贫困不能葬回原籍，就安葬在了政和县，从此一家便定居在了福建。朱松后调任福建尤溪县尉，到任后仍有很长时间居住在尤溪，朱熹即出生在尤溪。秦桧当政时，他父亲辞官去朝，居住在建州一带。在朱熹 14 岁的时候，父亲去世，此后的很长时间，朱熹都住在福建崇安。后来他在武夷山的五曲盖了几间房子，命名为武夷精舍，著述讲学。朱熹晚年到建阳，盖了沧州精舍，后来叫考亭书院。也就是说，朱熹一生最长的时间都居住在闽北地区，讲学也主要在闽北地区。他在外做官的时间都不长，最长的一次是 50 岁左右时在江西南康做官两年多，65 岁时在湖南长沙做官不到一年，其余都是在福建境内任职。所以，朱熹所创立的学派后来也被称为"闽学"。

在宋代，"闽学"不仅仅是朱熹的学术活动地带的一个标识，同时也是贯穿整个两宋道学发展脉络的一个线索，也就是把两宋的理学用"濂洛关闽"四个字来贯穿。理学最初阶段叫濂学，指的是程颐、程颢的老师周敦颐的学说；再发展叫洛学，以二程为代表；再发展叫关学，指的是张载所代表的关中学术；最后发展为闽学。所以，闽学代表两宋理学发展到集大成的阶段。

## 幼年资质

据记载，朱熹很小的时候，他刚会说话，父亲就教他认识事物，指着天空教他说那是天。朱熹就问父亲天的上面是什么，这包含了他对宇宙的一种追问。而据朱熹自己说，这是他五六岁时候的事情。他从小就没有把对知识的追求放在一个比较狭窄的领域，而是指向了很深远的宇宙。他七八岁的时候，和小朋友一起玩，但是他和别人玩的不一样，他总是在地上画画，后来他的父亲一看，他画的竟然是《周易》八卦的卦象，这是中国古代宇宙论的主要依据，后来成为儒家哲学、道家哲学共同的宇宙论框架。当然，这和朱熹的家庭环境以及父亲的教育有关，也可以看出朱熹从小就表现出哲学家的禀赋。但是另一方面，朱熹又多次说自己"少而鲁钝，百事不及人""记问言语不及人"。这说明少年朱熹从智力上来看并不突出，因为他认识到自己资质平淡，所以这也激发了他奋发学习。

## 少年立志

朱熹很早就有明确的志向。在他八九岁的时候，私塾老师在教《孝经》之前，他就自己先看了一遍，并且在上面写了"不若是，非人也"，就是说要按照《孝经》上讲的来做人。他读《孟子》时说："未尝不慨然奋发，以为为学须如此做工夫"。十三四岁再次读《孟子》，读到"圣人与我同类者"时，"喜不可言"，立志要达到圣人的境界。

## 发奋读书

在朱熹 14 岁时，他的父亲去世了。临终前，他把朱熹托付给好友刘子羽和三君子。刘子羽让朱熹到弟弟刘子翚办的私塾里读书。刘子羽是当地很有地位的官绅，他为朱熹母子提供了很好的学习环境。朱熹在私塾里发奋读书，他吃了很多苦。他说："初看子夏'先传后倦'一章，凡三四夜，穷究到明，彻夜闻杜鹃声"①，就是说，他在看《论语》里讲子夏的那一章时，遇到不理解的地方，有三四夜不睡觉，穷究到天亮。他这种学习的自觉，是他自知资质鲁钝而奋发努力的结果。因此，他 18 岁就通过了建州乡试，19 岁中了进士。可以说，刘子翚、刘勉之、胡宪三君子很出色地完成了朋友的嘱咐，为朱熹提供了很好的教育与指导，再加上朱熹自己的努力，因此他取得成功不是偶然的。

## 心好为己

朱熹说，很小的时候父亲就教他二程的《论语》说，灌输二程的道学思想，还给他讲了很多古代重要历史事件成败的原

---

① 《朱子语类》卷一百四《自论为学工夫》。

因和经验教训，"为说古今成败兴亡大致，慨然久之"，这些讲解和感慨都感染了朱熹。朱松死前把朱熹托付给三君子，三君子和朱松是志趣相投的人，他们倾心于二程之学。其中，刘勉之曾跟随二程的大弟子杨时学习，可以说是二程洛学的传承人。朱熹跟随刘勉之学习，这样算起来，朱熹就是杨时的再传弟子了。所以朱熹很早就倾心于洛学，道学、理学的思想对他产生了深刻影响。对于这种影响，朱熹自己概括为四个字："为己之学"。

《论语》中讲"古之学者为己"，二程也特别强调这个观点，就是要树立正确的学习概念，学习不是为了外在的目的，不是给别人看的，而是为了自己生命的充实、思想的提升。朱熹说自己"少而鲁钝，百事不及人，独幸稍知有意于古人为己之学，而求之不得其要"，虽然自己百事不如人，但是知道并且倾心于古人的为己之学，说明他在很早的时候就树立了正确的学术观。朱熹早年的思想历程也是他学术生涯的重要基础，有了基础和方向，再加上自己"心窃好之"，才能真正走上理学的轨道。

## 受学延平

虽然父亲很早就给朱熹指明了学术方向，但他后来在跟三君子学习时，因为年轻人求知欲强，什么都希望学习，所以三君子好佛的思想也影响了朱熹。朱熹在刘子翚的私塾读书时，刘子翚经常带他到武夷山上去学习。刘子翚交了几个僧人朋友，朱熹很好奇，就和他们聊天。僧人看朱熹挺会问问题的，就说："别看你年纪小，还是懂得一点昭昭灵灵的禅的"。昭昭灵灵表示一种心的昭明灵觉的状态。获得赞许后，朱熹自己也开始留意佛学。据说朱熹 18 岁去赶考，临走时刘子翚检查他的行李，看到他带的书就是一本《大慧语录》。《大慧语录》是禅僧大慧宗杲的语录，这说明他曾想追求昭昭灵灵的禅。其实朱熹不仅学习佛教，道教的书也看。19 岁中进士后，他去闽北拜访一位有名的道士，道士还送了书给他。

朱熹的思想真正完全转到理学是从 24 岁时开始的。这一年发生了什么促使他转变的事情呢？

原来朱熹考中进士后，又通过诠试获得了做官资格，被朝廷授予泉州同安县主簿。他在 24 岁时赴任，并提前规划了自己赴任的路线，在路线上的每个重要节点他去拜访一些重要人物，其中一处就是延平。朱熹在这里拜访了他父亲的朋友李侗（即李延平）。李延平就问他读了什么书，朱熹就讲了很多他读佛教、道教的心得，但是李延平没有发表看法，也没有鼓励他，只跟他说要多看圣贤书。朱熹后来回忆说，他当时觉得李先生这个人不会说话，自己兴高采烈讲了很多佛学心得，他却只是说不对、不是，要朱熹多看圣贤书，没有说为什么不对，朱熹觉得李侗可能没有了解佛教的好处。

杨时是二程的得意弟子，他离开洛阳回南方时，二程目送他很远，并说"吾道南矣"，所以后来杨时的学术也被称为道南学派。杨时后来将学问传给了罗从彦，罗从彦传了李侗，所以李侗在龟山学派里是比较知名的。朱熹知道这一点，他也比较重视李侗的劝告。他后来说："同安官余，反复思之，始知其不我欺矣。"意思是说，朱熹在同安做官的闲暇时间，反复思考李先生的话，才知道他没有欺骗自己。于是他就开始跟李侗通信，请教怎样学习研究儒家经典，这些书信被后世编成《延平答问》。

朱熹29岁离开泉州回崇安时又去见了李侗，这时他已经不像上次那样认为佛教是最好的东西，他满心关怀的是二程的学问，特别是二程弟子谢上蔡的思想。应该说，朱熹是在李侗的积极影响下迈出了道学的第一步。朱熹回闽北后继续学习，31岁时，他徒步百余里到延平李侗那里学习请教。这使朱熹真正走上了理学家的道路。

# 朱子其学

## 政治思想

朱熹33岁时开始投身政治活动，他给宋孝宗写了奏书即《壬午封事》，发挥《大学》中所讲的"格物致知，正心诚意"，认为三纲领、八条目不仅是世人的为学方案，也应当是对君主的首要要求。帝王之学，必先格物致知，彻底了解事物的变化，精细地辨义理是非，够意诚心正，才能够处理好天下大事。

34岁时，朱熹第一次到朝中面见孝宗奏对，他对孝宗说："大学之道，格物以致其知。"他说孝宗有两件事没做到，一是"随事以观理"；二是"即理以应事"。"随事以观理"就是格物穷理，格物就是要随事随物，穷理就是要观理；"即理以应事"，就是要了解事物的变化，处理好天下的大事。他认为孝宗没有做好这两件事，所以在治国、平天下方面效果不好。宋孝宗听了当然不会高兴。

朱熹50岁时做南康知军，皇帝又诏求直言。朱熹又应诏上书奏事，因为这一年是庚子年，所以朱熹所奏的密章被称为《庚子封事》。在这封奏书中，朱熹又一次讲到了"正心"的重要性，说爱民之本在于皇帝能够正心。皇帝怎样才能爱民呢？先要正心，正了心才能够确立道德和法纪。他还说现在皇帝只亲近一两个小人，受他们的蛊惑，安于私利，所以造成不好的社会局面。看了密章，孝宗大怒。但是宋朝有一个传统，就是不杀大臣，不能因为大臣提了意见就进行残酷的打击。

朱熹59岁的时候，皇帝又让他入都奏事。有人劝朱熹说，"正心诚意"是皇上最不爱听的，这次千万别提这四个字了。朱熹很严肃地说："我平生所学就是这四个字，我怎么能不说？我不说就是欺君！"因此，他到了朝廷对孝宗说："陛下继位三十年还没有达到治国理政的目标，是因为心里私欲太多，天理不够，应该对每一个念头都谨而查之，心里毫无私欲，天下事才能大明。"这其实还是"格物致知，正心诚意"的思想。朱熹回去后的那年冬天又上奏书，说为人君者心不正的话，天下事无一得正；"人心惟危，道心惟微"①，皇帝应该以天理之公战胜人欲之私，

---

① 《尚书·大禹谟》中的"人心惟危，道心惟微，唯精唯一，允执厥中"，被称作中国传统文化中的"十六字心传"。这十六字心传的意思是人心是危险的（容易变坏），道心，即人的理性，是精微的，因此要精研、专一，恪守中庸之道。——编注

进贤退奸，端正纲纪。

朱熹一生不愿做官，几次收到任命时都反复推辞。65岁那年，朱熹受命做焕章阁待制兼侍讲，他前去赴职。但是他只在朝为官四十多天就因庆元党争而罢官回家了。朱熹的学说也被称为"伪学"而遭禁，朱熹自己也在党争的迫害中病故。党争期间，朱熹做了很多古典文献的整理工作，如《楚辞集注》《阴符经考异》《孝经刊误》《韩文考异》等。

## 学术成就

朱熹的学术成就是非常突出的，比如在易学方面，他著有《周易本义》《易学启蒙》；在文学方面，他撰有《诗集传》《楚辞集注》《韩文考异》；在礼学方面有《家礼》《仪礼经传通解》；在史学方面，朱熹很早就写了《资治通鉴纲目》；另外，他还指导学生注解《尚书》。特别是，他合刊了《论语》《孟子》《大学》《中庸》，称为《四书章句集注》，前两部书是集注，后两部是章句。除此之外，他还写了《四书或问》。此后，"四书"的经典地位甚至超越了"五经"。元代时，朱熹的《四书章句集注》成为科举考试的教科书，这也确立了他在中国教育史和思想史上的地位。总之，朱熹在这些方面的成就是巨大的。

## 学术思想

朱熹的学术成就很多，那么在他所有的学术思想中最重要的思想是什么呢？

我们知道，《大学》是孔门后学的重要文献之一，在"明明德、亲民、止于至善"三纲领和"格物、致知、诚意、正心、修身、齐家、治国、平天下"八条目之中，朱熹最重视的就是格物、致知。

朱熹是怎么理解格物的呢？他认为，格物就是"即物穷理"，要了解事物的道理，必须在事物本身上穷理。这主要是针对佛教的弊端提出的新思想。朱熹认为佛教也讲了很多理，但佛教的穷理脱离了人伦和万事万物，脱离了修身、齐家、治国、平天下。因此，朱熹提出的"即物穷理"就将儒家与佛教在学术方向上区分开了。

格物穷理的主要途径，朱熹认为就是多读书，多了解事物。关于这一点，朱熹曾和陆九渊在江西鹅湖寺有一次辩论，史称鹅湖之辩。他们争论的焦点是，朱熹强调要通过广泛读书来考察事物之理，强调这是儒者治学的基本方法；而陆九渊则主张反求内心，不重视读书。比较而言，朱熹的主张是一种重视知识和学习的理性主义的方法。

### 教育兴学

朱熹一生特别重视教育，每到一地必兴学校，比如他到南康就寻访了白鹿洞的遗址，重建白鹿洞书院。他还亲自制定了白鹿洞书院学规，叫作《白鹿洞书院揭示》。朱熹认为，学校教育的宗旨是教学生博学、审问、慎思、明辨、笃行，另外要修身、处事、践行，而不是空泛读书。白鹿洞书院的修复和白鹿洞书院学规的提出，应该说是中国书院历史上的一件大事。

朱熹 65 岁时又修复了岳麓书院，仍以白鹿洞书院的学规作为岳麓书院的学规，并且把他的《四书章句集注》作为教材，朱熹的教育方法到了元明清成为书院通行的教育方法。

朱熹讲学强调理性本体、理性人性、理性方法，这使得理性主义成为中国思想的主流，对中国文化、中国精神产生了巨大影响，而且对中国文化和东亚文化顺利学习近代科学也起了积极作用。

# 朱子思想的现代意义

### 存天理——以理制欲

朱熹阐发了古代"人心惟危，道心惟微"的思想，认为"人心"是指个体的感性欲望，与生俱来，不可能不产生，也不可能消除；但如果"无所主宰，流而忘返"，社会就会处于危险的状态，就会出现各种各样的问题。要使人心不致危害社会，就应该用"道心"主宰"人心"。道心是指人的道德意识与理性，朱熹认为道心的特点是公，公即社会普遍的道德法则。所以，在理性和欲望的关系上，朱熹强调"存天理，去人欲"，主张以理制欲。

### 道问学——学习精神

道问学是就学习方面而言的。《论语》开篇就提出"学而时习之，不亦说乎"，可见学习是孔门一贯强调的基本人生态度，也是基本的修身方法。在孔子看来，学习不是一个人的阶段性的活动，而是根本的人生态度，应贯穿人的一生。《中庸》也强调"尊德性而道问学"。就哲学精神来看，朱子可以说是孔子学习思想的最大继承者、发展者和推动者。朱子学的格物论进一步发展了儒家自古以来的"学习"思想。

## 尊经典——教育理念

读书是格物最主要的功夫，《朱子语类》的"读书法"，记载了朱子教人如何读书，特别是读圣贤书的方法。虽然朱子自己的著作中似乎并没有把读书明确作为一个哲学主题来讨论，但有关读书的必要性的问题意识却渗透在朱子的哲学议论之中。鹅湖之会的最后，朱、陆的争辩集中在要不要肯定读书作为学圣人的功夫，也反映出这一点。朱子所重视的格物功夫，其中主要的用力之方即是读书，对读书的肯定以及以读书为背景的哲学建构，是朱子对孔子"学"的思想的重要发展。可以说，朱子的思想为近古的士人（读书人）提供了一套学为圣人的目标和方法。

朱子一生致力于对儒家经典的重新诠释。朱子所强调的格物和问学，很大程度上都是为了肯定经典讲论在儒学中的正当地位。朱子对经典的学习非常重视，朱子所推动的读书主要也是读圣贤经典之书。虽然朱子作为哲学家毕生致力于经典的诠释，但由于朱子特别重视读书人的经典学习，所以他的经典诠释在表述形式上特别适合一般士人的需要。宋明学者并非都是如此，如王船山的《读四书大全说》，是王船山自己的思想著作，而不是用来教学生的。朱子则不同，从《论语训蒙口义》到《四书章句集注》，朱子多数的经典诠释著作都着眼于学生的经典学习，以帮助一般读书人学习儒家经典著作为其写作目的之一。这使得朱子的著作在今天的通识教育中仍有参考意义。

朱子认为对经典的学习不是追求一草一木的具体知识，而是要达到对万事万物的"通识"理解；读书的最终目的不是指向具体领域的物理，而是指向整个世界的普遍天理。同时，朱子也以尊德性为要求，要求读书者把经典中的道理与个人的涵养结合在一起。注重道德意识和价值情感的培养，涵养德性和品质，追求德性与知性的平衡发展，这也符合通识教育的宗旨。

## 贵持敬——主敬伦理

朱熹讲主敬（也叫持敬）。朱子学的学问宗旨，常常被概括为"主敬穷理"，所谓"主敬以立其本，穷理以进其知"。什么是主敬呢？主敬是内心、行为的状态，朱子说敬是"教人随事专一谨畏，不放逸耳"。其实专一谨畏，不放逸，不仅要随时而行，也应当要随处而行，不管做事与不做事，都要主敬。具体来说，不做事时主敬体现的是一种精神态度，即内心总是处于一种警觉、警省、敬畏的状态；做事时主敬则表现为一种做事的态度和伦理，一种专一、敬业的态度，它的反面是"怠惰放肆"。

就做事的角度而言，朱子学的现代意义之一，是可以为东亚社会的现代化提供一种"工作伦理"，朱子学的主敬精神为工作伦理提供了传统的资源、现成的伦理概念。近代德国社会学家马克斯·韦伯特别重视工作伦理，他曾指出"资本主义无法利用那些信奉无纪律的、自由自在的信条的人的劳动"，而主敬所代表的正是自我约束、严肃认真、勤勉专一的工作态度。弘扬东亚社会积极的工作伦理精神，朱子学仍能提供重要的资源。

2018 年

# 现代人从朱子的思想中可以学到些什么

现代人从朱子的思想中可以学到什么？朱子学在现代社会和现代生活中有什么价值和意义？我想至少可以从以下六个方面来初步了解朱子学的价值和意义。

## 朱子致力于传承与创新

首先，中国传统文化的传承要归功于儒家的文化自觉和历史意识。两千多年前孔子整理了三代以来的文化，确立了中国最早的经典文本，建立了中国文化的经典意识，树立了文化传承的使命感。孔子所开创的儒家学派努力传承六经，代代传经、释经；唐以后的儒家特别是宋代的道学又形成了一种道统的意识，使得儒家后来以传承、发扬中国文化的经典和维护华夏文化的生命为神圣的使命。其次，汉字虽然历经演变，但很早就成为沟通华夏文明区内各种方言的统一交流工具，这种统一的文字保证了统一的文化。再次，中国自古以来有一个注重历史的传统，历史的记述起着承载民族历史记忆，建构民族文化认同的重要作用。最后，很重要的一点是，中国传统的士大夫在政治实践、地方教化和文化活动中，始终自觉传播、提倡、强化典籍中的价值观念，并使得这些价值渗透在一切文化层次和文化形式之中，从而影响到大众的文化心理。

中国文化一贯重视传承。孔子说过"殷因于夏礼，所损益，可知也；周因于殷礼，所损益，可知也。"[①]中华文明历夏、商、周三代，一脉相承。三代的文明精华保存在《诗经》和《尚书》等"六经"之中，王官失守之后，儒家学派承担起文化传承的使命。从汉代起，儒学以经学为平台，将华夏古文明不断传承下去。同时，儒家总结、提炼了华夏古文明的价值概念，加以发展，建立了影响中国人至深的儒家价值理念。儒家思想文化的特色之一，就是具有强烈的文化传承的自觉，在不断传承五经的过程中，发展出新的诠释，以适应时代和文化的发展。可以说中华文化史就是不断传承和创新的历史。

唐宋以来"道统"传承的观念日益发展，其代表为韩愈，韩愈《原道》一文中的"道"，其内容就是儒家提倡的仁义道德，也就是中华文明的基本价值概念。北宋的道学是儒家思想发展的新形态，它不仅在经典诠释方面开辟了新的维度，在思想文

---

① 《论语·为政》。

化上也别开生面。宋代道学特别强调"传道"的意识，这里的"道"即是儒家学术的核心价值，这个核心价值体系，不仅是伦理的、人生的，也是政治的、社会的。可以说儒家特别注重核心价值体系的传承。宋明道学有极强的文化忧虑意识，王阳明等人所说的"学绝道丧"，"学绝"就是学术断绝；"道丧"就是价值迷失，学绝道丧就是文化传承的中断。韩愈在《原道》中以传道的谱系来论证中国文化核心价值体系的传承，即所谓"尧以是传之舜，舜以是传之禹……孔子传之孟轲，轲之死不得其传焉"。

坚持道统论及其文化实践的代表是朱熹。朱子具有强烈的文化传承意识，广泛继承了儒家的学术文化。在理学方面，朱子的著作有《太极解义》《通书解义》《西铭解义》，编订、删定了《二程遗书》《上蔡语录》，作《知言疑义》，编《近思录》《小学》。在史学方面，朱子有《八朝名臣言行录》《资治通鉴纲目》《伊洛渊源录》。在经学方面，朱子有《周易本义》《易学启蒙》《诗集传》，他主编《仪礼经传通解》，指导《书经集传》的修改，终生作《四书集注》《四书或问》。在文献整理方面，朱子作《孝经勘误》《楚辞集注》《韩文考异》《参同契考异》《阴符经考异》等。朱子的文化实践归结为一句话，就是文化传承与创新，朱子对古代文化作了全面的整理，对四书的集结和诠释尤花费了毕生精力，是文化继往开来、传承创新的典范，在孔子以后朱子在文化传承方面的贡献是最大的，这是近一千年以来无人可以与之相比的，朱子是我们今天从事文化传承的人的榜样。

文化传承创新在今天有什么重要现实意义呢？中华文明是连续发展几千年的文明，但近代以来，在西方帝国主义的侵略、压迫之下，民族生命处于被压抑的状态。西方近代文化的输入，一方面促进了中国走向近代和现代化，并和本土文化不断结合，使得中国现代文化不断推陈出新；另一方面，不可否认的是，面对西方文化的挑战，中国文化的自然传承遭遇阻断，我们自己在认识上的失误也一度造成了对传统文化的破坏。改革开放以来，中国经济迅猛发展，政治地位显著提升，综合国力日益提高。这使我们愈来愈意识到，今天我们身处的时代是中华民族文化伟大复兴的时代，这是全国上下业已形成的共识和自觉。中华文化的伟大复兴正是针对鸦片战争以来中华文化遭遇不正常的断裂而提出的，旨在传承中华文化。没有当代中国的现代化的成功发展，就不可能提出文化传承的问题。

中华民族今天的成就是以中国传统文化为基础的，也是以中华民族在历史上形成的文化能力为基础的。中华文化在五千年的发展中，以儒家倡导的仁孝诚信、礼义廉耻、忠恕中和为中心，形成了一套相当完整的价值体系。这一套中华文化的价值体系，深刻影响了中国政治、法律、经济制度建设和政策施行，支撑了中国社会的伦理关系，主导了人们的行为和价值观念，促进了中华民族凝聚力的形成，支配和影响了中国历代与外部世界的关系。这一套体系是中华民族刚健不息、厚德载物精神的价值基础和根源，亦即中华民族精神的价值内涵。朱子与宋明理学对中华民族价值观的形成、巩固发挥了重要的作用。中华民族的发展和中华文化的核心价值体系密切相关，这些价值也构成了中国人之为中国人、中华民族之为中华民族的基本属性，中华民族特有的生命力无不来自这些价值及其实践。鸦片战争以来近代中国志士仁人的奋斗都是这些价值的充分体现。

改革开放以来的历史证明，对中华文化的自觉传承不仅是我们应肩担的文化使命，同时也是现代中国社会精神文明建设的实际需要。中国社会的现代化转型，市场经济的蓬勃发展，使得社会的价值迷失十分严重。在这种情况下，以中华文化价值体系为核心的文化传承，不仅具有民族文化延续的意义，更具有满足当今社会价值重建的需要的意义。现代社会的政治、经济、法律制度已与古代社会的制度存在根本上的不同，尤其是在社会主义市场经济条件下，社会的核心价值体系，既与古代社会有相同的一面，也有不同的一面。这就需要我们在进行思想文化传承的时候注意创新，以适应时代的变化和要求。社会秩序和伦理价值的建立不能割断历史，也离不开传统道德文化。传统文化所提供的生活规范、德行价值以及文化归属感，起着其他文化要素不能替代的作用。几千年来以人为本的传统文化，在心灵稳定、精神向上、社会和谐方面发挥了重要而积极的作用。但是在现代社会生活中，传统的价值有些可以直接应用，有些则必须加以改造，并因应时代的需求，重新加以整理、概括，使之成为新时代的核心价值。

# 欲望应受道德原则制约

白鹿洞书院和岳麓书院是中国古代四大书院中的两个，它们都和朱熹的讲学与教育实践有关。朱子在《白鹿洞书院学规》中把"言忠信，行笃敬。惩忿窒欲，迁善改过"作为修身之要；把"正其谊不谋其利，明其道不计其功"作为处事之要；把"己所不欲，勿施于人""行有不得者，反求诸己"作为待人接物之要。"言忠信，行笃敬"出自《论语·卫灵公》；"惩忿窒欲"出自《周易·损卦》；"迁善改过"出自《周易·益卦》，北宋周敦颐在《通书》中最早把这两句连在一起。"正其谊不谋其利，明其道不计其功"出自《汉书·董仲舒传》；"己所不欲，勿施于人"出自《论语·颜渊》；"行有不得者，反求诸己"出自《孟子·离娄章句上》。《白鹿洞书院学规》可以说是朱子强调的基本道德、价值观和伦理原理，它指导我们"如何要求自己""如何对待他人""如何做事处世"。

在朱熹那个时代，还没有从加强法制以约束人的行为来考虑，所以朱熹的方法是完全诉诸道德，这是理学的局限性，但突出道德意识的重要性还是正确的。朱熹还提出理和欲亦即天理和人欲的问题。与道心相对的人心是指人的自然欲望，而与天理相对待的人欲是指人心中那些违背公共原则的私欲，天理则含有普遍原则的意义。朱熹认为欲望应当受道德原则的制约。所谓"存天理，去人欲"，就是指要用反映社会共同要求的道德原则来克服那些违背公共道德的私欲。当然，每个时代的社会公共准则有所不同，朱熹所处的是封建时代，所以他所说的某些准则是当时社会的准则，这是我们应当注意的。朱熹提出，"天理人欲，不容并立，是的便是天理，非的便是人欲""人只有个天理人欲，此胜则彼退，彼胜则此退""而今须要天理人欲，公私利欲，分别得明白"①。当然，在理性和欲望的关系方面，朱熹有些问题并未处理完满，他比较忽视欲望和生命力的满足，未能重视理性和欲望也有统一的一面。但总的来说，朱熹的思想对封建时代的精神文明和民族精神的发展起了积极的作用。朱子把道德理性作为人的本质属性，以道德理性主宰、支配人的感性欲望，促进社会的有序和谐。所谓"存天理，去人欲"，突出理与欲的对立，就是在道德理性和自然欲望发生冲突时高扬道德理性，展现人性的庄严，坚持道德不能建立在欲望的基础上，而必须建立在理性主宰、责任意识、美德培养之上，以理统情，以理制欲，以理节情。朱子非常重视道德规范之理，要求人们用大学的功夫认识道德规范之理，并不断通过道德修养，把外在的道德规范转化为仁体的内在自觉。这在今天的社会仍然有重要的意义。

---

① 《朱子语类》卷十三《力行》。

## 主敬穷理的工作伦理

从广义的内心生活态度来说，敬畏感是一种带有宗教性的内心态度和感受，最终要归结到对康德所说的头上的星空和心中的道德律令的敬畏，头上的星空代表宇宙法则，宇宙法则加上心中的道德，这就是朱子讲的天理。主敬包含的敬畏感，是一种值得肯定的心灵境界和道德境界。

## 学习是人生的基本态度

就中国而言，朱子学的对象主要是"士人"，即明清时代所谓"读书人"，朱子学的宗旨即为士人提供一套道德、学问的思想体系，因此朱子学强调"学习""读书"是与其宗旨相一致的。现代社会的教育程度已与古代不同，以古代朱子学的标准来看，现代人的受教育程度都超过小学而属于"大学"，所以重视《大学》的朱子学适用于今天的"学习型社会"中的几乎所有人。一方面，知识，包括科学知识、人文社会知识，以及各种艺文知识，增长的速度超过以往任何时代，一个人一生中经历的知识的变化要求人民必须不断地学习，以适应社会的发展；另一方面，现代人的寿命普遍延长了，退休后也仍然需要继续学习，以实现各种人生的目标。因此，现代人的学习已经是"终身学习""终身教育"。在这方面，朱子学的"学习精神"应当说给我们提供了最好的人生指导。

# "格物致知"与"通识教育"相同

朱子一生致力于对儒家经典的重新诠释，而对大学的几个重要观念的诠释在他的学术系统中占有重要的地位。朱子少年时即从父受教读《大学》，临终前仍在修改《大学章句》，他以超人的学识和智力，把终生的心血倾注在这一篇短小的文献的整理和解释上。这表明朱子对经典权威的尊重，和通过汲取古典的智慧并加以创新来发展人文价值的信念。朱子所强调的格物和问学，很大程度上都是为了肯定经典讲论在儒学中的正当地位。朱子非常重视学习经典，朱子所推动的读书主要也是读圣贤之书，读经典之书。从《论语训蒙口义》到《四书章句集注》，多数朱子的经典解释性著作都着眼于帮助一般读书人学习儒家经典。

朱子对经典的学习，是持"德性""问学"相统一的立场，因此强调读书与经典学习。一方面，朱子始终以道问学的态度，主张人的为学向一切人文知识开放，注重精神发展的丰富性；但朱子并不是引导人走入专门性知识，而是朝超越专门知识方向发展，从而更好地理解世界；另一方面，朱子也提出尊德性的要求，引导读书人把经典书中的道理与个人的涵养结合在一起，注重道德意识和价值情感的培养，追求德性与知性的平衡发展，这也是与通识教育的宗旨相符合的。

值得注意的是，除了朱子学的格物论有益于近代科学在中国的发展外，还应看到朱子学的格物致知思想更近于受到大家重视的大学"通识教育"理念。因为朱子的格物说的确不是朝向某些专业的科学研究，而是重在培养学生的综合素质，培养学生的人文精神、道德理解、多元眼界和宽阔胸怀。经典的意义在于经典是人类文明的成果，是人类文明在历史筛选过程中经历选择而积累下来的精华，对经典的不断学习与发展是传承文明的重要途径，正是朱子始终重视的一点。由此可见，对于通识教育来说，朱子的思想是孔子之外最重要的思想资源。

## 朱子学对社会风俗的改善

在朱子的四书著作中，对《大学》的研究和阐发最具有代表性，也最集中地表达了朱子的儒学思想，《大学》固然着眼于读书人的修身，但也关注社会风俗的改善。如其《大学章句序》的最后一句所说："然于国家化民成俗之意、学者修己治人之方，则未必无小补云。"在此序文中，朱子明白表达了，不仅学校教育着眼于全民，所谓"当世之人无不学"，而且即使是大学，也并非只与精英有关，强调大学之教不仅与"学者修己治人"有关，而且与"国家化民成俗"有关；不仅与"治隆于上"有关，而且与"俗美于下"有关。因为就教育和学习的内容而言，儒家的学校教育与佛教不同，对士大夫来说是"本之人君躬行心得之余"；对普通民众而言，"不待求之民生日用彝伦之外"。所以，教育的结果是，"其学焉者，无不有以知其性分之所固有，职分之所当为,而各俛焉以尽其力。"人们经过学习，不脱离人伦日用，会更加理解自己的性分和职分，在其本职位置上尽其分、尽其伦、尽其职、尽其力、尽其心、尽其性。每个人都尽其力，国家自然就收到化民成俗之效了。"性分"指个人命定的社会地位和活动限度，"职分"是人应承担的责任和义务。性分的概念本出自玄学，朱子则由此阐明儒家教育具有积极的社会功能，即使人安其性分，尽其职分，移风易俗，这阐明了化民成俗的重要性。朱子一生的小学、蒙学著作也很多，他是对传统蒙学教育贡献最大的人，他的著作如《童蒙须知》《小学》《增损吕氏乡约》等流传甚广，对儒学价值的大众化、通俗化，对培养少年儿童养成德性，起了积极的作用。今天应当重视朱子这方面的贡献，可使朱子的这些著作与目前流行的《弟子规》一起，古为今用，在道德教育中起发挥其应有的作用。朱子的家礼、家训也不仅对朱子一家或朱姓人家有意义，而且在改善南宋以来的社会风气，化正人心等方面都起了重要作用。今天我们要把朱子学的这些内容与社会主义核心价值的践行、培育结合起来，使中华文化（其中包括朱子文化）成为涵养社会价值和个人美德的源泉与基础。

2015 年

# 王阳明的精神世界

　　王阳明曾在《与王纯甫书》中指出："变化气质，居常无所见，惟当利害，经变故，遭屈辱，平时愤怒者到此能不愤怒，忧惶失措者到此能不忧惶失措，始是能有得力处"①。人在遭受巨大的波折、失败、困苦、屈辱的时候，精神和心理状态能够不为环境的变异或个人的得失所影响，这不仅是一个意志是否坚强的问题，而且是一个整体的世界观问题，也是对一个人精神境界、修养程度的检验。普通人的烦恼、沮丧、压抑、不快、怨恨等，在王阳明看来，都是精神锻炼不够造成的"动心"。而君子在任何情况下能"无入而不自得"，就是要能够做到在这些情况之下"不动心"，这绝不是一个容易达到的境界。尽管人先天的心理素质与定力不同，"不动心"的境界作为主体的成熟和内在力量的表现，是需要经过锻炼以后，才能达到的境界。正如李翱所说，

---

① 《阳明先生集要》理学编卷四《与王纯甫书》。

自孟子以来，儒家并没有忽视对这一种境界的追求。二程亦云："君子莫大于正其气，欲正其气，莫若正其志。其志既正，则虽热不烦，虽寒不栗，无所怒，无所喜，无所取，去就犹是，死生犹是，夫是之谓不动心"①。这段话表明二程对孟子、庄子皆有所继承。王阳明的《与王纯甫书》虽作于正德七年（1512年），事实上这也是他后来经受了宁藩之变与张许之难的考验，其思想的"得力"之处反映在这篇文章中。

站在这个立场上，人生的变故正是经受考验并锻炼"不动心"的境界的机会，"外面是非毁誉，亦好资之以为警切砥砺之地，却不得以此稍动其心，便将流于心劳日拙而不自知矣"②。王阳明还说："毁誉荣辱之来，非独不以动其心，且资之以为切磋砥砺之地。故君子无入而不自得，正以其无入而非学也。若夫闻誉而喜，闻毁而戚，则将惶惶于外，惟日之不足矣，其何以为君子？往年驾在留都，左右交谗某于武庙。当时祸且不测，僚属咸危惧，谓群疑若此，宜图所以自解者。某曰："君子不求天下之信己也，自信而已。吾方求以自信之不暇，而暇求人之信己乎？"③

王阳明曾说，良知之说"从百死千难中得来，非是容易"，以上所引几封答人书皆作于居越以后，是王阳明自己"当利害，经变故，遭屈辱"的经验之谈。只有真正了解王阳明正德末年经历的巨大人生困境，面对的严峻的生存考验，我们才能了解"良

---

① 《二程集》遗书卷二十五《畅潜道录》。
② 《阳明先生集要》理学编卷四《答刘内重书》。
③ 《阳明先生集要》文章编卷一《答友人书》。

知"的学说对王阳明自己而言早已超出了纯粹伦理的意义，它饱含生存意义上的智慧与力量。擒获朱宸濠之后的王阳明，他的盖世之功非但未得任何肯定与奖励，反而遭到内官在皇帝面前的恶毒诋毁。在"暗结宸濠""目无君上""必反"等被罗织的六大罪名之下，王阳明处于"君疑"的处境，随时有杀身灭门之祸，这可以说是封建时代士大夫遇到的最险恶的人生处境。面对如此危如累卵的艰险处境，王阳明之所以能处变不惊，视险若夷，是因为他作为一个哲学家具有成熟、稳重等精神品格。

王畿曾指出："先师自谓：'良知'二字，自吾从万死一生中体悟出来，多少积累在，但恐学者见太容易，不肯实致其良知，反把黄金作顽铁用耳。先师在留都时，曾有人传谤书，见之不觉心动，移时始化，因谓终是名根消煞未尽。譬之浊水澄清，终有浊在。余尝请问平藩事，先师云：'在当时只合如此作，觉来尚有微动于气所在，使今日处之更自不同'"。王畿这个记述值得注意之处，就在于他指明良知的本然状态——不动于心、不动于气。王阳明正是在险恶的情境下"平时愤怒者到此能不愤怒，忧惶失措者到此能不忧惶失措""毁誉荣辱之来不以稍动其心"，他以高度稳定、平静、沉着的态度泰然处之，即处危不动、处急不惊、处变不乱，最终摆脱了危机，经受住了严峻的考验。只有从上述文献记载中才能理解良知说是从"百死千难""万死一生"中体悟出来的。在经历了江西之变以后，王阳明终于确信，良知说不仅可以使人达到道德的至善，而且依赖它，人可以真正达到他向往已久的"不动心"的境界。后来他在《答黄绾论良知书》中也说："彼此但见微有动气处，即须提起致良知话头，互相规切。凡人言语正到快意时，便截然能忍默得；意气正到发扬时，便翕然收敛得；愤怒嗜欲正沸腾时，便廓然能消化得：此非天下之大勇者不能也。然见得良知亲切时，其工夫自不难。缘此数病，良知之所本无，只因良知昏昧蔽塞而后有，若良知一提醒时，即如白日一出，而魍魉自消矣"。这也就是说，致良知的一个重要意义就在于能使人在"动气"时断然地控制感情、情绪，使人在任何时候、任何环境下都能保持"平常心"。这种控制情绪以保持最佳心理素质与心理状态的能力，不是靠平平常常的方式可以获得的。从心性本体来说，此种境界之所以可以达到，是因为"此数病良知之本无"，这也就是四句教心体本无喜怒哀乐的思想，从这里也可以看出，致良知与四句教有极为密切的关联。

《传习录》载："问有所忿懥一条，先生曰：忿懥几件，人心怎能无得？只是不可有耳！凡人忿懥，著了一分意思，便怒得过当，非廓然大公之体了。故有所忿懥，便不得其正也。如今于凡忿懥等件，只是个物来顺应，不要著一分意思，便心体廓然大公，得其本体之正了。且如出外见人相斗，其不是的，我心亦怒。然虽怒，却此心廓然，不曾动些子气。如今怒人，亦只得如此，方才是正"。由此可见，王阳明所说的不动心代表的境界并不是心如枯槁，百情不生，而是"物来顺应""不要著一分意思"，这也就是程颢所说"情顺万物而无情"。七情是人必然具有的，其本身并不是不合理的，问题在于要使七情的发生"不曾动些子气"，即不使感情与情绪打破心境的平衡。这种不动心的境界，即"无累""无滞"的精神境界。在《传习录》中，王阳明对薛侃说："悔悟是去病之药，然以改之为贵，若留滞于中，则又因药发病"。他对黄直也说："文字思索亦无害，但作了常记在怀，则为文字所累，心中有一物矣"。

在王阳明看来，超然境界不仅可以排除一切紧张、压抑、烦躁等负面情绪，而且对于任何意念都可以如此。人不应使任何意念情绪留滞于心，留滞就是有累，即受到感情、情绪的牵扰，无法保持自由活泼的心境。正是在这个意义上，他充分肯定了佛、道的生存智慧。有见于儒者多为名利所缚，他感叹道"人生动多牵滞，反不若他流外道之脱然也""方今山林枯槁之士亦未可多得，去之奔走声利之场者则远矣"。在《传习录》中，他进而认为佛、道与儒家的终极的精神境界是一致的："仙、佛到极处，与儒者略同，但有了上一截，遗了下一截，终不似圣人之全。然其上截同者不可诬也"。

正德十二年至十五年（1517—1520 年），王阳明在江西平乱时取得多次重大的军事胜利，后来他的学生问他用兵之术，他说："用兵何术？但学问纯笃，养得此心不动，乃术尔，凡人智能相去不甚远，胜负之数，不待卜诸临阵，只在此心动与不动之间"[①]对于王阳明的显赫事功，人们常常会问：这与其学术思想是否有关？事实上，如果说王阳明的学术与他的军事胜利

---

① 参见《阳明先生集要》之《征宸濠反间遗事》钱德洪按语。

有什么关系的话，那么可以说，主要是他的"不动心"的境界使他得以自如地应付复杂的局面。早在正德十一年王阳明任南赣巡抚时，他的朋友即预言"阳明此行必立事功"，人问何以知之，他说"吾触之不动矣"。至于王阳明在江西平叛时指挥若定的实例更是不胜枚举。

人的生存意义上的这种境界，就其终极关怀状态而言，其标志是突破生死关。在《传习录》中，王阳明说："学问功夫，于一切声利嗜好俱能脱落殆尽，尚有一种生死念头毫发挂滞，便于全体有未融释处。人于生死念头，本从生身命根上带来，故不易去。若于此处见得破，透得过，此心全体方是流行无碍"。这说明，王阳明理解的超越境界，就其一般意义而言，要求超脱"一切声利嗜好"，包括感性的欲求和一切对功名的强烈欲念。就其终极意义而言，则必须超脱生死的分别。王阳明自己谪居龙场时曾经历过种种苦难，他当时"于一切得失荣辱皆能超脱，惟生死一念尚不能遣于心""惟生死一念尚觉未化"。要彻底达到心之全体流行无碍的境界，就要勘破生死，从根本上使人的一切好恶脱落殆尽，以实现完全自由自在的精神境界。在这一意义上，这种境界作为一种解脱生死的智慧具有宗教性，或者与宗教境界相通。

2015 年

# 当代中国社会十大儒学价值观

　　儒家的价值观是一个整体，不能用其中的某一条去代替它。可以说儒家是道德本位主义，是社群本位主义，是责任本位主义，是民生本位主义，但是儒家不仅仅是一种主义，它是由这么多主义所体现的价值观的整体。

　　以下十点把儒家跟其他思想作对比，这些对比里包括个人主义、自由主义、自由民族主义、道家思想等。通过这些对比，可以看出儒家思想跟现代社会的一些相关性，也可以帮助我们整体地了解儒家价值观的特点。

　　儒家的价值观不是折中的，不是不要法律，不是不要物质，不是不要权利，但是什么东西是优先的，儒家有自己的规定。一个价值观的体系，不仅要看它要什么价值，还要看它把哪些价值安排在优先性的层级上，因为从优先性的安排上，能看出它的特征。

## 道德比法律更重要

有人认为儒家不讲法律，只讲仁治，道德比法律更重要。从儒家治国理政的原则上看，道德原则确实比法律原则更重要。

## 社群比个人更重要

个人就是个体，社群有不同的层级，从小的层级来讲首先是家庭，家庭上面有家族、宗族等。今天在家庭的层级上面有社区，再往上是城市、国家、世界，所以社群比个人更重要。西方近代以来强调个人主义，所以个人优先。从个人主义的角度来讲，个人比社会重要。但是从儒家思想来讲，它所崇尚的价值是社群比个人更重要。

## 精神比物质更重要

在古代，儒释道中都有这样的思想——强调精神生活的重要性，而把崇拜物质生活看成是精神境界中比较低的层级。物质并不是不重要，特别是老百姓的物质生活，从治国理政的角度，是很重要的。作为国家领导人，不是不让老百姓求利，应该"因民之所利而利之"，这是我们对人民求利的态度。但是就社会整体生活而言，应该强调精神生活比物质生活更重要。这当然更多的是针对知识阶层而言的，古代叫士大夫，士大夫相当于我们今天讲的干部，掌握一定的权力，又有知识文化。对士大夫来讲，就是要强调精神生活比物质生活重要。

## 责任比权利重要

责任当然有不同的表达层次，比如从个人来讲，有个人对家庭、对团体、对党派、对社会、对国家、对民族的责任等。儒家认为，责任比权利更重要，这不是不讲个人权利，而是它更突出强调责任的重要性。

## 民生比民主更重要

儒家是讲民本主义的，它的民本主义的特点是什么呢？民生是基础，是根本，所以民生比民主更重要。儒家始终在讲，老百姓要有基本的温饱生活，才能够提倡精神的东西。所以从民生和民主的角度来讲，儒家的观点就是，民主的发展有阶段性，民主的实现不能够优先于解决民生问题，民主的实现应该是伴随着民生问题的解决，再逐步、按阶段来解决。所以儒家认为民主非常重要，但是民主并不是在社会发展任何阶段都是具有首要价值的东西，而民生是更重要的价值。

## 秩序比自由更重要

儒家强调治国理政，讲天道、天理等，它是很注意秩序的。关于这个问题，在中国古代文化中，看法也是不同的，比如庄子一派的道家，可能就认为个人自由比社会秩序更重要。而法家则只要秩序，不要自由。儒家也重视自由，强调自由、尊严、人格，但是相对来说儒家更强调社会秩序，包括文化秩序，认为秩序比自由更重要。

## 今生比来世更有价值

我们比较世界各大宗教，包括国内本土的宗教，如道家和佛教，都有很明显的出世主义的倾向。比如佛教，不仅出世，而且重视摆脱轮回，就是把来生看得比今世重要。儒家是积极入世的，也强调现实主义的重要性。儒家将死亡看得很自然，所以它把所有的注意力只放在今生今世的立言、立德、立功上，所以儒家是重视现世的。

## 和谐比斗争有价值

宋代有个大哲学家叫张载，在《正蒙·太和篇》中曰："有象斯有对，对必反其为；有反斯有仇，仇必和而解。""反"就是对立，以前我们很强调对立、斗争，儒家看到对立，认为对立很重要，但是将对立归结为"仇必和而解"，应该达到"和"。"和"应该是儒家追求的目标和理想。

## 文明比原始有价值

在各种思想的交锋中，有一些思想流派是歌颂原始，要求返璞归真。但是儒家肯定文明，认为文明比原始有价值。相比之下，道家的老子不太推崇文明发展，比较崇尚原始状态，认为文明是对原始的、美好的状态的一种异化，这是从异化的角度去看的。但是儒家不这样认为，儒家始终高度肯定文明的价值。

## 家庭比阶级有价值

我们以前错误理解了马克思主义，认为只有阶级斗争才是常态。今天时代已经变了，通过最近十几年来我们对和谐社会的建构，我们已经有了新的视野。儒家思想带给我们的一个思考是，它始终认为阶级不是最重要的。古往今来，总是有一些大哲学家有消灭家庭的思想，例如希腊的柏拉图、近代有些共产主义者以及早期的傅里叶等，都认为理想社会应该没有家庭。不管是建构什么样的理想社会，儒家始终把家庭的亲情、社会的和谐看成是非常重要的。

2017 年

# 传统文化与核心价值

## 国家层面的核心价值观

"以人为本"是中国传统文化的重要特点，也是中国传统价值观的重要特点。世界主要文明古国大多奉行"以神为本"，而中国最早从"以神为本"的文化转向"以人为本"的文化。到了西周前期，人的地位越来越高，如孔子说"敬鬼神而远之"，那时"以人为本"的基本观点是，人事比神事更重要，这一思想一直影响到近代。毛泽东同志说："世间一切事物中，人是第一可宝贵的。"这就是弘扬了"以人为本"的思想。

孔子认为，"道之以政，齐之以刑，民免而无耻"不是理想的治国方法，只有"道之以德，齐之以礼，有耻且格"才是理想的治国方法。因此，从孔子开始，儒家提出了"以德为本"的治国理念，也形成了在治国方面的重要价值观。"以德为本"，就是主张以德治国,强调道德重于法律。在《孟子》中,管理社会、与人打交道以及从政有两个互相对立的原则，一个是"以德服人"；另一个是"以力服人"。我们在处理人与人、民族与民族、国家与国家的关系时，也有一个是"以德服人"，还是"以力服人"的问题。由此，孟子把"以德服人"称为"王道"，将"以力服人"称为"霸道"。

"以民为本"，在儒家以前已开始酝酿。《尚书》里有"民为邦本"的观念，"邦"就是国，这个观念甚至可以反映在某种宗教的意识形态上。"天视自我民视，天听自我民听"，其中"天"代表最高的神，但是这个神没有自己的意志，而是以人民的意志为意志，以人民的视听为视听。后来，孟子讲"民为贵，社稷次之，君为轻"，很明显地强调了人民尊于君主、重于君主、高于君主，我们以前习惯把它叫作"民本思想"，即"以民为本"。

"以合为上"，或者"以合为本"，这个"合"不是和谐的和，是合作的合、合一的合。在中国历史文化中，处理民族、国家这类事务时，强调合一高于分立。在中国政治文化中，在管理国家时以合为上也是很重要的价值观，从上到下都以合为高、为尊、为贵，不赞成分立。

以今天的价值观来表达，可以说，"以人为本"就是强调人高于万物；"以德为本"强调道德重于法律；"以民为本"强调人民重于君主；"以合为上"强调合一高于分立。

# 社会层面的核心价值观

社会层面包含四个层次：第一，责任先于自由；第二，义务先于权利；第三，群体高于个人；第四，和谐高于冲突。

从孟子开始，"士"的责任就是以天下为己任。中国古代的"士"文化里非常强调责任，强调人应承担的对家、国、天下的责任。责任先于自由的意识成为我们近代以来，无数仁人志士争取国家民族独立的光荣传统。

如果把近代西方的主流价值观作为对照来看中国古代价值观，义务先于权利就是比较有特点的地方。新儒家梁漱溟在《中国文化要义》中表达过这种观点。他认为，中国社会最讲义务，义务是先于权利的；而近代西方人则主张个人的权利是优先的。梁漱溟说，中国社会更多的是伦理的社会，比如父母和子女，只能说父母有养育子女的义务，子女不能有要求父母养育的权利。因此，他反复强调，中国古代社会最重要的伦理性格，就是义务重于权利，义务先于权利。

在中国传统文化中，处理群体和个人关系的时候，也一定是坚持群体本位立场。西方一直到了16世纪以后，"以人为本"才开始取代"以神为本"，但从主体上来讲还是强调以"个人为本"。而中国古代的"以人为本"，在群体和个人的关系上，强调的是"群体为本"。在中国古代，群体有不同的层次，可以被无限地放大。从个人推演出去就是家庭、家族、宗族，再扩大到社稷、国家、天下。因为古人有这样的观念，所以我们很早就提出了"天下大同"。

儒家、道家崇尚的和谐观念，早在中国上古文化中便已萌芽。春秋时期的《国语》中就提出"和实生物，同则不继"的观念；《尚书》中很早就提出"协和万邦"这一主张世界和平的观念；《左传》里也讲"如乐之和，无所不谐"，就像乐器演奏的和谐乐曲一样，天下要达到"无所不谐"。所以，和谐的观念在历史上出现得很早，在中国文化中很早就把音乐的和谐作为一种模式和典范，从音乐到人与人之间的和谐，甚至上升为宇宙的和谐。1955年，周恩来总理在万隆会议重申的"和平共处五项原则"；2015年，习近平主席在万隆会议提出的"建设人类命运共同体"，正是"和而不同"的智慧在现代外交的运用。

## 个人层面的核心价值观

首先是重义轻利，或者说先义后利。孔子提出"义以为上"；荀子提出"先义而后利者荣，先利而后义者辱"；《孟子》开篇就是"何必曰利"，这些都是"重义轻利""先义后利"的思想。

其次是以理制欲。《荀子》一书讲"以道治欲"，道和理是相通的，不能任由欲望自己发展，一定要有个统帅。这个统帅就是理性、道理，即道德法则、道德原则。

中华文化传统中有大公无私的观念。《尚书》里已经有"以公去私"的讲法，宋明理学认为私是可以有的，但是私的上面一定有公，并且强调私必须由公去主导、去把握。这个原则对于传统士大夫非常重要，一个士人出来做官，一定会碰到公私的问题。在处理公私的问题时，一定要以公胜私，公心胜于私心。

心胜于物，就是精神需要高于物质需要。生命的需要也是一种物质需要，但是精神的需要更重要，所以古人提倡舍生取义。涉及生死的问题，从孔子到孟子都表达了人格的尊严，人对道德理想的追求，比生命更重要。孔子讲的"不义而富且贵，于我如浮云"，表明精神需要比物质需要更重要。

## 基本道德也是社会价值

价值观是道德的基础，而道德直接指导行为。中国古代提出的基本道德，既是个人层面的基本道德，同时也是社会的基本价值。

最明显的例子是五常——仁、义、礼、智、信，至少从汉代以来就是我们的五项基本道德。从个人道德来讲，仁就是敦厚慈爱，义就是坚持道义，礼就是守礼敬让，智就是明智明辨，信就是诚实不欺。这是五常作为个人价值、个人道德的意义。在整个社会发展中，仁、义、礼、智、信也成为社会的基本价值，比如《贞观政要》里最重要的两条就是仁、义。仁、义不仅是个人德行的基本道德，而且也是治理国家的首要原则。比如说社会层面，仁就是仁政惠民，义就是社会正义，礼更多的是强调文化秩序，和是和谐团结。再比如，仁不仅是做人要厚道，而且"仁者爱人"拓展到更大的层面，就是"四海之内皆兄弟""天下大同"。所以仁、义、礼、智、信在古代不仅是个人道德的基本观念，而且也是社会基本价值，这是古代文化的一个特点。我们今天在讲传统文化与核心价值的时候，要兼顾这几个方面。

虽然社会主义核心价值观并不是对中国传统文化价值观的简单重复，但两者在精神上是一致的，它是以中国传统文化的价值观为根基、为基础的。只有将今天的社会主义核心价值观看作是从中华文化的优秀价值观中发展出来的，才能够完成今天中国特色社会主义文化的建设任务，实现中华民族伟大复兴的理想，传承、发扬中华优秀传统文化并加以创造性的转化。

2015 年

# 儒学能为现代化提供适当的人文环境

　　单靠中国传统文化不可能完成现代化的任务，单靠中国传统文化也不能实现中华民族的复兴。但这绝不等于说只有打倒中国传统文化，才能实现现代化，才能实现民族复兴。中国传统文化虽然没有自发地引导中国走入现代化社会，但中国文化的传统并不必然与模拟、学习现代的政治、经济制度相冲突，东亚各国在学习现代化中的成功就是证明。

　　如果从科学与民主来看，孔子本来非常重视好学、博学，宋代以来的儒学特别强调"格物致知"，这些都为近代中国引进西方科学奠定了基础。古代儒家的民本思想，虽然并未发展为民主政治，但在价值观上是可以通向民主的。中国近代以来的历史证明儒家思想与科学、民主没有冲突，是可以融合的。

　　二战后，东亚儒学文化圈内各国的经济起飞和中国经济20世纪90年代以后的高速发展，证明了后发现代化国家并不需要先经过文化的自我革命才能实现现代化，受儒家文化滋养的社会完全有能力在开放的空间实现现代化。

儒学不是鼓吹革命的意识形态，儒学也不是启动改革的精神之源，但受儒家文化熏陶的人士也重视改革开放和现代化。近代以来的儒家士大夫如林则徐、魏源、曾国藩、左宗棠、张之洞、康有为、谭嗣同等，都是主张开放、改革的仁人志士。百年来追求救国救民、追求民族复兴的人，往往都在其人生中践行了儒家倡导的精神价值。

更重要的是，儒学是探求"治国安邦""长治久安"的思想体系，这一特点使儒学在现代化之中的中国社会重新显现出其长久的意义和价值。

社会学家指出，现代文明内在地包含了价值理性与工具理性之间的紧张，现代文明的突出特色是工具理性的发展，市场经济和功利主义成为主导，价值理性则相对萎缩。因而与一切古代文化传统如基督教、佛教传统一样，儒家思想与市场化和功利主义的现代化文明是有冲突的。

在中国，现代的市场经济与商业化趋势，已经导致个人主义、功利主义、拜金主义、消费主义的膨胀。儒学的价值理性可以满足现代社会对道德规范与精神文明的要求，并改善社会的伦理生活与精神生活，从而使现代化趋向于文化上平衡、结构上合理、伦理上合宜，为其创造适当的人文环境。所以儒学对现代化的作用主要不是工具意义上的助推，而是坚持倡导与现代化市场经济相补充、相制约的伦理价值和世界观。

中国传统文化在当今的重要意义，除了确立民族文化根基，实现文化传承以外，主要不是推动全球化、现代化的进程，而是在社会层面上满足社会秩序、伦理、文化、心灵的需要，建设社会的精神文明；在政治层面上探求以中国传统文化为基础来构建共同价值观，巩固国家的凝聚力，积极地运用中国文化的资源重建和巩固政治合法性。

社会转型需要一种与之前时代不同的意识形态。在发展现代化市场经济的同时，社会道德秩序和个人安身立命的问题日益突出，市场经济在当代中国的发展带来了人与人之间的关系的新变化。与其他外来的文化、宗教相比，在稳定社会人心方面，传统文化提供的生活规范、德行价值及文化归属感，起着其他文化要素所不能替代的作用。

中国传统文化在心灵的滋养、情感的慰藉、精神的提升、道德的指引方面，为当代市场经济社会中的中国人提供了主要的精神资源。文化有其价值领域，那种把文化问题总是不恰当地牵扯到现代化、全球化上的单一思维应当改变。

2018 年

# Ⅲ

儒家文化的时代价值：陈来访谈录

在全球化的第一阶段，文化的变迁具有西方化的特征，那么在其第二阶段，则可能是使西方回到西方，使西方文化处于与东方文化相同的、相对化的地位……

# 儒学在中国的现代功用

    清华国学研究院院长陈来先生是海内外儒学领域卓有成就的学者，他自认不是一名公共知识分子，但这并不表示他对中国当下发生的很多事情没有态度，以犬儒的态度对待当下的问题。他讲"中国当下人心陷溺，良心放失"，充满了儒者的人文关怀。儒学能做什么呢？陈来先生的答案并不乐观，但很中肯。要介入到"官德"的塑造中，让某些官员去除无限放大的骄奢淫欲；要与佛教、道教共同促进民间的伦理建设……

    陈来先生强调，现代儒学的特长主要就在于伦理秩序、人格涵养。去政治化、丧失社会土壤的儒学要改变中国是很难的，也急不得。制度的归制度，文化的归文化。

# "存天理，灭人欲"在古代是让统治阶级去掉过度的私欲

记者（以下简称记）：在物欲横流的社会中，《尚书》讲："人心惟危，道心惟微"。五四以来，人们要冲决网罗，现在一些人，欲壑难填，某些身居高位的人反而成了反面典型。比如说贪官刘志军，还有官员写"情欲日记"，这在各种媒体上都有报道。在儒家思想中，朱熹讲"存天理，灭人欲"，这句话在五四以后遭到了剧烈的批判。有一次我在北大听讲座的时候，一位来进修的老师慷慨激昂地说："我们现在这个时代，难道还需要'存天理，灭人欲'吗？"我当时在想："当然要"，但是具体怎么办？您是否可以就朱子的"存天理，灭人欲"这句话来作个解释？

陈来（以下简称陈）：今天来讲，"存天理，灭人欲"仍然是一个普遍有效的命题。在不同的时代，我们要怎么样理解它？我们要存的天理是什么？我们要去的人欲是什么？从理念上来讲，朱熹已经讲得很清楚，人欲并不是所有的感情、欲望，是你那些违背天理的，就是跟道德原则冲突的、违背道德原则的感情、欲望。因此，所谓的"灭人欲"，并不是把人所有的欲望都去掉。

五四以来，因为要进行伦理革命，新文化运动要冲破旧思想，所以当时主要考虑的是宣传的力度，以及"冲决伦常之网罗"这一口号带来的冲击的力度，而没有考虑这个口号的科学性。在五四时代就把"存天理，灭人欲"解释为好像人所有的欲望

都不应该有，把儒家类比为禁欲主义，这是不对的。

儒家不是讲禁欲主义的，它始终是肯定人情和其他的欲望的。当然情欲不限于男女之间，对金钱的欲望等都属于情欲的范畴。就男女的关系来讲，儒家是讲阴阳平衡的，主张阴阳和合。整个宇宙都是"乾道成男，坤道成女。二气交感，化生万物"。周敦颐的《太极图说》就讲了这个道理。

记：是。

陈：所以男女之间的关系体现的是宇宙的法则，也是一种宇宙的现象，这怎么能去掉呢？没有二气交感，怎么能产生万物呢？所以儒家认为夫妇之间正常的、性的关系是天地合德的表现。一旦欲望冲破了应该有的规范，那就是人欲了。每一个时代对感情的正当规范需要维护，超出了合理的范围就是人欲，即私欲。"存天理，灭人欲"是要去除过多的、不合理的欲望，而不是要去除所有的欲望。

此外，"存天理，灭人欲"等思想，就宋明理学来讲，它不是讲给老百姓听的，而是讲给皇帝和士大夫阶层听的。这是很重要的，朱熹讲的"存天理，灭人欲"都是对皇帝讲的。朱熹五十岁的时候给皇帝写信说："你每天都要反省，是不是有人欲干扰你"。他当时说的"人欲"主要是指皇帝任用小人，皇帝喜欢听小人拍马屁，这就是人欲。朱熹希望皇帝能反省自己做的每一件事。朱熹提倡整个统治阶级集团要加强自身的修养，这就是我们今天讲的加强"官德"修养，这是很重要的。因为官员跟老百姓是不一样的，今天我们讲如果你是公务人员，就要碰到公和私的问题。老百姓的自留地里哪有什么公和私的问题？官员有自己的公共职务，如果以权谋私，就是在公和私的问题上的违法行为。

在义利的问题上，宋明理学就讲义、利就是公、私。这是对什么人讲的？是对士大夫讲的。什么是士大夫？简单地讲，你有知识，又做官，就是士大夫。它的最高的代表人物就是皇帝。对于老百姓，孔子就讲，要"因民之所利而利之"，人民有自己的欲望，就是尧舜也不能够去掉人民的欲望。所以儒家对正当的欲望的政策是，人民有什么样的欲望，他们觉得什么地方有利，就应该保证他们可以这样去做。

到了"文化大革命"的时候，一切都倒过来了，人民要"存天理，灭人欲"。传统儒学所说的重点不是要人民怎么样，它的重点是要求统治阶级的。这里的"统治阶级"是广义的，官员是统治阶级的一部分。我觉得我们好多人都没有正确理解古人的这些想法，就都把儒家伦常随便地破除了。现在一些官员没有官德，很多县里的干部也学《弟子规》，为什么？因为官员没有一套规范的东西，在到处找合适的规范体系。

记：对统治阶级的"存天理，灭人欲"，儒学的这套道德体系对现在的官员还有约束力吗？

陈：对今天的官员来讲，我觉得是要看情况。整个古代的信仰是一个体系，对天理的信仰、对良心的重视、对天地的敬畏等是古人的理念。今天，不管天理也好，还是良心也好，在领导干部培训体系中都没有突出的地位。朱熹讲天理，王阳明讲良心。在古代，由天理、良心引申出一套行之有效的修养方法。不讲天理、良心，就根本不是一个士大夫，而是一个禽兽。今天几乎没有人会这样讲。

古代的士大夫，至少在理论上认为一个人应该是朝着圣贤的方向努力的。因此有了这样理想，才会通过各种修养功夫，来培养自己的健全人格，使自己成为圣贤、君子。没有这样的理想，就搞不清修养的目的。古代的官德跟儒家的思想体系、社会的政治制度是一个完整的系统。但是也不能说这些传统现在已经完全没有意义了。有些官员缺少国学的教育，有些人缺少国学常识，多讲些儒家思想还是有正面影响的。如果从儒学的角度来讲，每个人都是有良知的，多讲讲儒家的道德修养，一些人的良知是可以恢复的，他们会知道什么是对的，什么是错的，这能够让他们慢慢地进步。

记：现在的问题可能变成了讲儒家道德对某些人来讲只是文化上的装点，像书柜里摆一套"二十四史"等。古代儒学虽然对他们提出了行为规范，但主要还是看他们是否内心有信仰。但现在假如说有您这样一位儒者，天天在官员耳边给他们讲儒家的道理，讲朱子，或者讲王阳明，可能慢慢地对他们会有一点儿传统文化的熏陶。

陈来：话倒也不能说得那么绝对。我们有些中层领导，当然一方面希望员工们也学一些东西；另一方面中层的领导自己也有文化上的需求。在很多的场合，我也碰到过这种中层领导，他们需要了解中国文化，需要了解儒家文化。他们也会感叹，以前都没有好好学老祖宗的东西，都不知道老祖宗的东西里面有这么多宝贝。建立一套行之有效、古今结合的官德体系，需要综合的建设，应该说现在仍在探索之中，还没有很成功的经验。

# 儒学更重要的功能仍在于人的立身处世

记：国学热的兴起可能有一定的积极意义，有一位清华学者叫贝淡宁，他也是研究儒学的，是美国人，他就批评央视的《百家讲坛》讲的儒学，是把孔子"去政治化"，用消极价值来解读儒学，把一切的问题都归结到自己的内心。不知道您是怎么看待这个问题的？如果儒学要在中国文化全球化的过程当中扮演一定的角色，儒学能输出什么样的价值观？

陈：怎样理解儒学？把孔子思想或者把儒学仅仅理解为政治批评的体系，或者支持政治批评的一些内心动力，我觉得这种看法是有问题的，这是把孔子、把儒家过分政治化。梁启超就讲，在儒家功能、特长中，最重要的还是在立身处世和社会交往方面。这个问题梁启超讲得很清楚。当一个儒者在朝廷做官的时候，要勇敢地承担起职责，要对朝政、对皇帝提出批评，特别是当你担任言官的时候。对言官而言，批评就是他们的生命。

从总体上来讲，儒家的思想体系不是政治批评指向的，批评不是它的主要方面。其主要的功能是立德修身以及怎样积极地处世等方面，所以不能说在《百家讲坛》上讲的内容，因没有鼓动老百姓做政治批评就是给孔子"去政治化"了。

儒者的实践表明儒家包含开展负责任的政治批评的内容，但是就儒家思想本身来讲，政治批评不是主要的，儒家主要还是讲个人人格的涵养，怎么样处理人与人的关系，人的德行的培养等。所以，儒家的问题指向是高扬价值理性，而不是政治批评的实践。虽然朱熹等人本身都是很积极地介入到当时的政治中，但是他们讲的儒家思想历来不突出政治批评。

儒者做的是内在的批评，而不是外在的批评。我想所谓的孔子的"去政治化"，是对整个儒学体系的重点的把握存在偏差。

中央电视台播"于丹《论语》心得"这个节目的时候，央视还没有那么复杂的想法，不可能如某些人所说的那样是让这些节目取代民主、自由。因为央视也还是为了满足人民生活中有的文化需要，我想当时《百家讲坛》的想法是直接的、平实的。

有些人比较倾向于泛政治化的解读，把中国所有的文化现象都解读为是有政治动机的，解读为政府的政治操作，我觉得对《百家讲坛》的过度政治化的解释不见得是正确的。

整个社会"人心陷溺，良心放失"，现在的道德水平的问题大家都看得到，也都希望能够解决这一问题。任何一个负责任的政府都要在这方面做工作，我想做《百家讲坛》这个节目应该是试图解决道德问题等。没必要把一档节目扯到要代替、阻拦别的价值，那是另外一个问题，也许要在其他领域考虑。不同的领域有不同的做法，不能搞混了，把其他领域的问题都放到政治领域去解读，就是过分的政治化了。

谈到价值输出的问题，我讲过，孔子学院并不是做价值输出的，而且从政府来讲，虽然有文化输出的战略，但是并没有价值输出的战略。我希望大家更多地了解中西文化的区别，西方文化的意识形态是基督教理念的产物，是主张价值输出的。中国文化没有价值输出的观念，只是想把优秀的传统文化介绍给你，更多的是让你多了解中国，而不是说我觉得这个对，我要把它传播给你，你一定要信。如果你不信的话，要强迫你信，并教你信这个东西，这是西方的逻辑。

西方的逻辑也不是都没有好处，比如基督教教会曾在很困难的地方扶危济贫，有很多人依靠教会的帮助渡过了难关，这个历史贡献不能抹杀。但是总体来讲，西方文化是一种强势的文化，是要把他们的东西推广、输出给你，是强加于人的。我们现在即使用"文化输出"这个概念，中国人的性格以及文化传统决定了我们不会认为："我是对的，我就要让你接受"，而是会跟其他国家讲："要让你更多地了解我的想法，你要知道，我想的东西也有道理""我所信的价值也是有普遍性，不是没有普遍性的"。讲这些内容是理所当然的，具有正当性，因为世界对中国和中国文化的了解还很不够，还有很多片面的东西，我们希望世界了解中华文化。

这个问题跟要不要继续传播、发扬民主、人权、自由的观念是两个问题。不能说"文化走出去"就是为了用中华文化抵抗西方文化里的一些有益的东西。

东西方文化有差别，在今天这样一个多元文化的时代，要看到其他文化的长处，从而实现互补，比如说现代社会是一种个人主义的文化，个人主义在现代化中有积极的作用，但是绝对的个人主义有好多的问题。从社会的角度来讲，社群生活也很重要。比如说个人的利益、权力的诉求也有积极意义，但是你只讲权利，不讲责任；只讲权利，不讲义务，这同样也是片面的。反过来也是一样，只讲责任，没有权利；只讲义务，没有个人的地位，这也是不对的。我们今天应该用平正的心态来平衡这些东西。

## 儒学研究在大学

记：您是清华国学院的院长，又是一位非常资深的儒学研究方面的学者，现在学院里的儒学研究，有些像古代的太学、书院（包括清议文化）。在古代，一位有学问、有道德的学者很快就能在学术共同体当中树立口碑，包括在士大夫阶层当中树立口碑。对他的学问、人品，儒者群体有一个共同的评价标准，像宋代的政治家王安石、清代的学者戴震，早在地方做官或者在地方治学的时候，名声已经远播到京城了。他们都是在研习学问的过程当中受到广泛的尊重。您怎么看现在儒学研究的学术氛围？

陈：现在儒学研究的学术氛围还是可以的，但是今天跟古代不一样，大学变成了一个主要的儒学研究场所，这是古代所没有的。虽然古代有书院，也有县、州、省、中央一级的学校，但是学校之外的儒学研究也广泛存在。我在《20世纪儒学研究》

一文中讲过，在 20 世纪，儒学研究在这个新的时代变得很重要，正好大学在这个时候出现。现在儒学脱离了古代的建制，变成"游魂"了。要想不变成"游魂"，儒学思想就要跟现代的建制相结合。

儒学思想还是要跟现代的教育体制相结合，这还是不能放弃的。在大学里，有共同的学术标准，但在另一个层面上，不能完全靠大学的学术标准。在大学里，儒家学术研究得好，会有口碑，在这一点上大家的认识是一致的。但是作为一个真正的儒者，需要综合性的评价，这不是大学能够独立评价的，还需要社会性的评价，这跟大学的评价是不一样的。

记：胡适、劳思光、牟宗三、冯友兰、张岱年先生都写过《中国哲学史》，他们的观点以及对儒学的解释肯定是不一样的。现在研究儒学的学者，虽然治学的方式、方法不一样，但是有一个大家公认的评价标准，请您谈一下儒学研究的评价标准？

陈：在中国哲学史的体系中还是有共同标准的。胡适的《中国哲学史》是开创性的，但是它不一定就是典范。就中国哲学史这个学科来讲，其典范是冯友兰先生建立的。冯先生的著作虽然比胡适的书晚了十多年，但是冯先生的《中国哲学史》在 20 世纪被大家奉为典范。张先生的研究跟冯先生相近。

劳思光的研究应该说也是不错的，虽然他的书是在台湾、香港写的，但是他的一些基本想法还是受到了北大学派的影响，北大学派的学术影响在书中有所体现。

牟宗三先生比较复杂，因为他的书有两种，有一种不是作为中国哲学史来讲的，比如《心体与性体》，这类书应该是儒学史。中国儒学史跟中国哲学史的定位是不一样的，因此评价也就不同。如果在同一个评价体系中，即在中国哲学史的评价体系中，我想评价的标准应该还是接近的。

牟先生讲的其实不是哲学史，在《心体与性体》一书中他自己也讲了，这本书不是哲学史的讲法，而是儒学史的讲法；如果是儒学史的话，他理解的儒学史就像宗教史一样，要讲出一个正统来，谁是正统，谁是异端。哲学史不是这样讲的，没有什么正统，不正统，就是讲各种各样的观点，尊重历史的发展，不是一定要说哪一派才是真正的儒家，哪些派别不是真正的儒家，哲学史的重点不在这儿。这些前辈的学者，不管怎么讲，应该说他们都对中国哲学史的研究做出了很大的贡献，今天我们仍然可以从不同的角度吸取有益的东西。

## 读经典：敛身正坐，缓视微吟，虚心玩味，切己省察

记：王阳明、曾国藩曾经火过，曾国藩之所以火是因为他的官道，王阳明火的具体原因不清楚。时间沉淀下来的经典很多，古典传统如何跟现代社会相结合，我们应该去看哪一位古典思想家的著作呢？

陈：虽然曾国藩离得最近，王阳明离得稍微近一点，朱熹又稍微远一点了，但是就儒家思想而言，要读经典，还是要从《论语》和《孟子》入手。这两部经典最能代表儒学，它跟任何一

个时代都有直接的关系。也就是说，现代的社会并不是跟离我们最近的曾国藩才有关系，跟孔子就没关系，不是这样的。

我想孔子、孟子的思想跟任何时代都有直接的关系，关键是我们怎么样理解、运用它。我想最重要的还是要回归到儒学的原点。我不是说王阳明、朱熹等讲得不对，最有权威的应该还是《论语》和《孟子》，最能打动大家的也是《论语》和《孟子》。

记：如何阅读它、运用它，您能否概括性地谈一谈？

陈：上次有一个读书会找我写几句话，当时我写的就是朱子的读书诀——"敛身正坐，缓视微吟，虚心玩味，切己省察"。敛是收敛，不能躺着这么看书，读经典之书要"敛身正坐"；"缓视微吟"，吟是吟诵，读经典，不能一目十行；"虚心玩味"中的"虚心"，即不能一肚子成见，例如先有"打倒孔家店"的成见是不行的，而是要虚心地体会；"切己省察"，即结合自身的情况去观察。我用的还是一套比较保守的读书法，也就是朱子的这个读书诀，朱子最重要的读书方法就是这四句话。

2011 年

# 儒道对话

梁枢（以下简称梁）：感谢两位学者接受我的邀请，参加这场对话。今天我们是儒道"对"话，而不是学者"谈"儒道。我想强调的是，既然是对话，就难免有论辩、有交锋。这种碰撞是读者和我都想看到的。（笑）

## 儒道对话之一：先有道，还是先有儒

陈来（以下简称陈）：儒道关系有很长的历史，春秋末战国初，显学是儒墨，道家不是显学。原因是当时道家不游学诸侯，不聚徒讲学。孔子注重讲学，可以说讲学是孔子首创。可到了汉初，道家是显学了，应该说甚至超过了儒家。

梁：成为主流意识形态了。

陈：是的。汉初，儒道对立的格局形成了，但从后来的发展情况来看儒道是互补的。冯友兰先生讲，到魏晋时，有些道家试图更接近儒家。到宋代，有些儒家试图更接近道家。这说明儒道不是完全对立的。冯先生本人就是儒道互补的生动体现。听说冯先生在西南联大时，仙风道骨，好像还有"冯老道"之名。冯先生认为道学不是先秦的古典儒家，而是吸收了很多道家思想的新儒家。他认为古典儒家功利性强，太现实，超脱不够；道家又有一点儿太玄虚，不够现实，容易消极。所以当有学生问他"你是不是最喜欢儒家"时，他说："我最喜欢道学。"

牟钟鉴（以下简称牟）：直到今天也还有人认为中国文化的代表只是孔子和儒学，忽视了道家思想的文化传统。其实一些学者早就看出，中国文化是阴阳之学，阴阳是一对基本矛盾。中国文化有儒有道，这是矛盾的两个方面。近代最早提出这个观点的是魏源，他讲，中国文化是阴阳文化。后来林语堂讲，儒道是中国人灵魂的两面，缺一不可。范文澜先生说，儒家是一个显流，道家是一个隐流。冯先生在《新原道》一书中，把"极高明而道中庸"视为中国哲学之精神。"极高明"就是玄虚精神、超越精神。"极高明"谁贡献最大？是道家。"道中庸"就是现实主义，重视社会，即入世精神，在这一点上是儒家贡献最大。两者的统一就是中国哲学的精神。

陈：我很同意牟教授的观点。一种文化的发展是对立统一的。比如古希腊文化和希伯莱文化也是对立统一的。中国文化的对立统一就是儒与道，二者也构成了一种阴阳互补。一阴一阳不仅是宇宙存在的规律，也是文化存在的规律。但我要强调一下儒家。冯先生说，有正题，才有反题，有肯定，才有否定，有阳，才有阴。当然冯先生也说儒道是互相补充的，他的这种思想也很早就有了。儒道互补是没有问题的，但有肯定，才有否定，有正题，才有反题，不能说否定、阴是先出现的。

梁：对于"三代"，儒家是一种正面肯定的态度；而道家则是一种批判的态度。因为当一个人说一个东西不好的时候，他脑子里一定有个好的标准。这说明肯定是在否定之前，但道家的"肯定"要先于儒家的"肯定"。

陈：正如牟教授以前讲的，道家所肯定的是返璞归真的自然主义。返回到璞、素、真，是道家的基点。儒家所肯定的则是伦理教化的人文主义。

牟：老子开创的"道"有很深的渊源。我认为老子的思想可以追溯到母系氏族社会，或者说较多地保存了母系氏族文化的遗风，具有更多的平等性和古朴性。老子用"谷神""玄牝"等与女性相关的语汇来形容大道的母体性，表现出女性文化的鲜明特色。一些学者认为老子哲学是女性智慧的升华，而儒家文化是男性文化的体现。

陈：如果用"一阴一阳之谓道"来形容儒道两家，显然儒家是阳，道家是阴，这应该是能够接受的。但我认为不一定把老子的思想溯源到母系社会，因为目前还找不到明显的线索。而儒家继承、总结、提升了夏商周三代文明，这是有明显线索的。儒道两家表现出对立统一的格局，这种格局甚至已经成为了中国文化的基因，它存在、体现于各个方面。冯先生就讲过，唐代两个大诗人，杜甫、李白，一个儒，一个道，同时代表了两种文化思想倾向。他们不是哲人，不是宗教信徒，他们是诗人，却分别反映了儒道两家思想。他们的差异很明显，但很和谐。

牟：我还要补充一点先有正题，后有反题的问题。据司马迁《史记》的记载，老子比孔子大 20—30 岁的样子。孔子向老子问礼，典籍里也都有记载。老子对周礼缺点的批判，不是对孔子的批判，而是对礼乐文化的缺点的批判。

陈：这个问题比较学术。老子在前，孔子在后是没有问题的。但冯先生说，中国哲学史为什么先讲孔子，因为《老子》的作者在司马迁的时代已经搞不清了。老子与孔子作为历史人物，是同时代的。关键是现在流传下来的《老子》（即《道德经》）文本是不是春秋时期的老子作的。现在学术界通常的看法是《老子》体系的完成是在战国前期。

## 儒道对话之二：中华文明靠什么发展到今天

陈：一种文明的发展、延续，需要很多东西来推动。中华文明靠什么发展到今天？很明显，儒家起了很大的作用。三代文明体现在哪里？在"六经"。三代文明传承的动力在哪里？在于孔子以及门人的努力。从孔子时代开始，孔子以及门人有一种强烈的意识，就是把"六经"加以传承、总结、发展、提升。我们的中华文化有古有今，从未间断，在世界上是独一无二的。这不能不归功于儒家的文化自觉、文化传承以及努力实践的强烈意识。否则，我们五千年的文明就没有了着落。对于"礼"，老子有很多批判。"礼"本身也有很多问题，在发展中有流弊。但不能说"礼"作为一种文化是没有意义的。老子主张文化批判，推崇自然状态；而儒家有进化意识，认为人不能停留在自然状态，也不能说自然状态是最好的。儒家把"礼"看作是摆脱自然状态的一种文明形式。比方说，喝生水就是自然状态，喝开水，放点茶，就是"礼"……

梁：可有人考证茶和豆腐一样是道家发明的。（笑）

陈：那咱们举个别的例子。一只野兔剥了皮生吃，这是自然状态，煮熟了吃就是"礼"。礼从哪里开始？摆脱了自然状态，就进入了"礼"乐文明状态，礼把文化的进步和发展凝结为一些具体的形式，儒家始终重视并强调这一点。所以，儒家思想推动文明不断向前发展。

牟：我要补充一点。儒家的这种文化自觉，某种程度也是因为道家的存在。道家的存在是儒家文化自觉的动力。道家对于儒家，在外部批判和提醒儒家；在内部输送了很多营养。一种文化的发展，除了动力系统还要有调节、制约系统。道家的批判是带有根本性的，因为道家站在儒家之外。儒家也有批判意识，但儒家的批判是比较温和的，具有改良的性质。儒家的发展本身就有道家的功劳。

陈：儒家很重视群体性，注重社群的存在。我们讲中华民族的伟大，一是她的历史非常悠久；二是作为一个生存的或政治的实体，中华民族在不断扩大。在这么大的疆域里，聚集这么多人口，绵延时间这么长，如果没有群体生活的智慧，中华民族就不可能得到发展。儒家很重要的贡献是致力于群体生活规则的研究。比如提出了"己所不欲,勿施于人"等积极的主张,增强了民族发展的凝聚力。调整和处理好人际关系是需要智慧和能力的,在这方面,儒家的贡献是巨大的。

牟:但道家也有功劳。有容乃大,如果只有凝聚力,没有宽容性是不行的。在大群体里,允许个人在一定程度上自由地发展,大家才愿意在这个共同体里生活。中国这么大,我的看法是,需要有儒家这个核心,同时也需要有道家的精神。中国文化是非常宽容的,儒释道都有存在的空间。儒家有些学派太强调群体性,宋明理学提出的"存天理,去人欲",把人的利益缩小了,搞得人很紧张,人就会活得很累。人在不妨碍别人的情况下,为什么不能有一个相对自由的空间,生活得更舒服、更自在一些呢?宋儒太强调"公",压抑"私",压抑了人的创造性。礼教过分强调社会秩序,而约束了个体的发展。

陈:我们再说一个话题。儒家的人生观是主张积极进取、刚健有为的。《周易》讲"刚健中正"。《象传》曰:"天行健,君子以自强不息。"这句话是说,天道刚健,君子因此要自觉奋进,永不止息。具有自强不息、积极有为的精神,才能积极、主动地克服困难,不退缩,不回避,甚至知其不可为而为之。没有这种精神,就不能解决人类所面临的困难。儒家这种积极进取的精神对个人、对民族都很重要。人类要生存,要发展,物质精神的满足等一定要通过儒家讲的"立功"去实现。古人讲"立德、立功、立言",儒家在强调立德的同时,也强调要建功、立言，有所创造。

牟：古人讲过一句话，此所不能而彼所能，这就是讲有所不为，才能有所为。电影《卧虎藏龙》里有句话，紧握拳头，什么都没有；松开你的手，便拥有了一切，这说的是"无为而无不为"。无为还有一层意思就是以柔克刚，柔是一种韧性，这种韧性使生命有一种厚度，不容易夭折，不容易被困难和挫折所消解。这是与刚性相对应的柔性，是一种生命的弹性。所以不要把道家的无为简单化，我们还要把它里面所包含的、很深刻的智慧阐释出来，并且如果阐释得好的话，无为可以成为策略学的理论支持。

陈：从老子的角度来讲，你刚才的阐释是很好的。《庄子》一书中隐士的性格比较突出，比较有出世的色彩了。庄子是不是跟老子有些区别？

牟：有。从出世和入世的角度来讲，庄子是比较消极的。但也有人认为从庄子开始建立了形而上学，因为他强调人的精神境界，这一点他讲得比较多。老子更多强调客观性，而庄子更多强调主观性。因此，庄子的人生慢慢地转向了艺术。我觉得在中国历史上能够把哲学和艺术结合起来的，庄子是一个高峰。在中国美学发展史上，道家的贡献要比儒家的贡献大。

## 儒道对话之三：我们究竟是儒家，还是道家

梁：如果没有道，光有儒，那么社会生活空间会很窄，人

会活得很累，这里我想问怎么个累法，表现在哪些方面？

陈：刚才我们讲无为的好处，讲与民休息的好处，它们到了今天还是有现实意义的。在从计划经济转型到市场经济的过程中，很多经济学家也很关注老子的智慧。因为计划是一种典型的"有为"，可是"有为"并不一定就好，市场中"看不见的手"是"无为而无不为"。无为是一种理想的境界，如果能做到，孔子也是赞成的，他说："无为而治者，其舜也与！"但是，儒家为什么不强调"无为"呢？这主要是由于儒家是现实主义的。从这种态度出发，它总是觉得，"无为而治"并不容易实现。面对现实，儒家走的不是超脱的路子，它是从现实入手，从现实中寻找实现理想的具体途径。对于现实世界，孔子始终不满，所以他总是讲有为，讲入世，现实感很强。孔子更关心经世济民，这样的儒家就比较少地考虑另外的问题，正如你刚才所言，也许就比较累。因为儒家思想充满了使命感、责任感以及忧患意识。儒家主张积极入世，一定要努力参与到现实中去。这样，儒家有时就忽略了其他一些东西，这是事实。对儒家而言，道家的思想就是一种有益的和必要的补充。

牟：我"补充"一点。儒家忧国忧民，讲齐家、治国、平天下，这是非常好的。但是如果过于关心社会，就会处于一种焦虑的状态。孔子不一样，"用之则行，舍之则藏"，他是受到道家影响，"无可无不可"，因此孟子称他为"圣之时者也"。如果做不了这件事情，还有别的事情可做，有个人的业余生活，这才是一个有血有肉的、现实的人啊。所以，我觉得，道家挺好。

从体系上来讲，当代还没有新道家，没有形成新的学派。但就个人而言，从中国知识分子的性格上来讲，我认为在不同程度上普遍的都是儒道互补，但也有例外。有两个人，一个是梁漱溟的父亲梁巨川；另一个是王国维。我认为这两个人缺少道家的修养。大部分人在逆境中还在苦苦地寻求，他们不是采取简单的自我毁灭的方式，而是做自己该做的事情，比如冯先生，他从来都是积极的。在"文化大革命"中，像冯先生这样的人已经很少了，汤用彤先生基本上不写东西了，贺麟先生专门翻译黑格尔去了，可他原本是个哲学家。一方面，冯先生还要写，不断地研究儒家；另一方面，冯先生是受批判最多的人。但冯先生却非常从容，泰然自若。根本不记恨批斗他的人，不断地根据情况调整自己，所以我觉得他是儒道互补。张岱年先生表现出来的气象也是儒道互补。他很积极，对国家和民族有一种很强的责任感，中华精神他概括得最精辟，影响很大。当他身处逆境的时候，他默默地调整自己，还要做事情，这种自我调节体现了道家的精神。

梁：您刚才所说的给我的感觉就是，儒家本身的价值观和学术逻辑无法产生这种超越的东西，只能吸收道家。

陈：从历史上讲，早期儒家比较强调入世的方面。儒释道经过融合以后，宋元明清道学中其实已经容纳了很多超越儒家的东西。不要说程颐、朱熹了，像程颢、邵雍、陈白沙都是很典型的、有道家情怀的一些儒者，而宋明儒者也吸收了道家思想并将其变成自己的东西，比如魏晋时王弼讲"应物而无累于物"，宋代时二程就讲过"天地无心而成化，圣人有心而无为""情顺万物而无情。"我们清晰地刻画出的儒道区别，其实是理想型的对比。但是，在宋以后的发展中，儒中有道，道中有儒，两者不一定都融合成一体了，但是确实有融合的部分。最明显的就是道学，道学从佛教、道教中都吸收了很多东西，从而变成了新儒家。为什么叫新儒家呢？新儒家的"新"字是说，儒家不仅在理论思维上吸收了佛、道，而且在人生的境界和气象上对佛、道都有所吸收。在中国文化中，各家各派都不是孤立发展的。比如中国佛教，它之所以有中国性，是因为它吸收了儒家和道家的思想，特别是在心性方面，它吸收了道家思想，从而提升了境界，禅宗对人文日用的关注则是受到了儒家的影响。

牟：儒家从孔子起就已经开始吸收老子的思想，只是不如后来吸收得多。

陈：不一定是吸收。孔子的思想已经包含了一些如"无为而治"等后来道家倡导的思想。孔子的思想是比较"浑全"的体系，他不像后来的一些儒者只是发挥了某个方面，那样就不全面了。

牟：讲偏了。

陈：对。比如，孟子讲大丈夫人格，"富贵不能淫，威武不能屈"。但孔子的仁学境界则比较"浑全"，可以说也包含了一些道家的因素。

梁：怎么看《易传》？陈鼓应先生认为是黄老的作品，并且正在努力"收复失地"。

陈：先秦时的道家不注重六经的传承，六经的传承工作主要是儒家学者来做的,《易》也是这样,《易传》是由儒家传下来的。

梁：牟先生怎么看？

牟：《易传》是战国时期的著作，我认为是儒家写的，它吸收了道家的思想，但不能因此说《易传》就是道家的著作。已故的易学专家金锦芳先生曾经在一篇文章中讲到，中国古代的《易经》有三种，《连山》《归藏》和《周易》。《周易》是以乾卦开头，《归藏》是以坤卦开头，这是它们的主要区别。他判断，老子的思想受到《易经》的影响，但不是《周易》，而是《归藏》。

梁：最后请二位分别站在儒、道的立场上评价一下对方。

陈：牟先生对道家、道教都很有研究，并且有个整体的框架，但他骨子里是个儒家。（笑）

牟：我自己觉得是儒、道互补。（笑）

陈：亦儒亦道。

牟：在我看来，陈来先生也是儒、道互补。（笑）

2007 年

# 新国学之路

——访清华大学国学研究院院长陈来

2009 年 11 月 1 日清华大学国学研究院成立。此时距 20 世纪 30 年代以梁启超、王国维、陈寅恪、赵元任为代表的清华大学国学院停办，整整过去了八十年。八十年间，国学饱经风霜，无论其性情，还是面貌，都有了很多改变。对此，作为清华大学国学研究院的院长，陈来先生会有一些什么样的感触，面对梁启超等四位先生所留下的思想遗产，今天的清华大学国学研究院是要"照着讲"还是"接着讲"？《光明日报》记者就相关话题对陈来院长进行了专访。

## 一

梁枢（以下简称梁）：老的清华国学院的起止时间是从 1925 年到 1929 年。当时也有"国学热"，叫作"整理国故"运动。清华国学院就是在这场思想运动中诞生的。较之西方文化大举东进之前，当时国学的形态已经有了很大的变化，正进一步从古今问题演变成"中西问题"。对此您怎么看？

陈来（以下简称陈）：我想从国学观念的嬗变谈起。从20世纪初到20世纪20年代末，经历了三个阶段的变化。第一个阶段的"国学"，是一个政治的观念，而不是一个学术的观念。当时的民族处于深重的危机之中，晚清的国学派对此提出了"国"和"学"的关系问题。虽然当时国家的形势很危急，但有识之士主张还是要坚持传统文化。其实他们的主张有点类似晚明部分士人的想法，即退一步来说，假如国家亡了，学术不亡，国家还能复兴；如果国学也亡了，国家就无法复兴。国粹派将国学的兴亡和国家的兴亡联系在一起，提出了"国学"这一概念。以今天的眼光来看，"国学"是一个爱国主义的概念。最早给"国学"下定义的是邓实。他办了《国粹学报》，用他的话来讲："国学者何？一国自有之学也。"他又说："君子生于是国则通是学，知爱其国无不知爱其学"，即你生于这个国家，必定要爱这个国家的学问、文化。

梁：这其中有没有西学冲击的问题？

陈：当然也有，但这比单纯的学术冲击更厉害。有识之士认为，帝国主义老谋深算，要亡一个国，必先亡其学，即先让你的人民不知道有其民族文化。正是从这个角度出发，邓实在1902—1903年间提出了"国学"的概念。到了1907—1908年，章太炎也提出"国学"这一概念，他也是为了激励"种性"，要培养大家的爱国心。晚清的"国学"概念，有一种很明显的救亡意识。通过捍卫、保存国学来救亡，来保种、保教是时代的使命。这是第一个阶段。

第二个阶段，辛亥革命以后到新文化运动。这个时期"国学"这个概念作为一个核心词汇用得较少，但国学作为中国传统文化，其问题意识仍吸引着社会的关注。从观念上看，从1915年《新青年》的前身《青年杂志》开始，讨论东西文化就直接涉及国学的基本价值观、理念和学术倾向等问题。这些在新文化运动前后变成了讨论的中心议题。这个阶段的国学观念主要是文化意义，而不是政治意义。它是从文化的角度来批判旧文化，发展现代中国的文化。

梁漱溟说："我到北大来干什么，我来是替孔子和释迦说话的"。但学者们并不拒绝和反对西方文化。梁漱溟、杜亚泉和《东方杂志》所代表的是文化的保守立场。《东方杂志》大量介绍西方文化，主张东西融合。20世纪20年代中期接着《东方杂志》出现的是《学衡》。此时，一些学者捍卫中国文化的角度有个特点，他们坚守中国文化的信念，是文化意义上的，但绝非反对和拒绝西方文化。梁漱溟讲："我们今天要全盘承受西方文化"。

梁："承受"这个词用得很有意味。

陈：是的。第三个阶段就是20世纪20年代以后。这一时期，我认为，国学就变得越来越成为一个学术概念了。1919年年底，胡适吸收了毛子水和傅斯年的概念，肯定了"整理国故"运动。在"整理国故"运动的推动下，出现了一些研究组织和教学机构。

北京大学首先成立了研究所国学门，俗称北京大学国学研究所。清华国学院当时的正式名称是"清华研究院国学门"，被通称为"清华国学院"。北京大学研究所国学门成立于1922年，之后有东南大学国学院，然后有清华大学国学研究院，接着厦门大学成立国学研究院。此外，燕京大学也成立国学研究所。

二

梁：这是脉络上的梳理。第一阶段是保种、保教；第二阶段是要批判或者替代；第三个阶段则是试图建立一种新的学术形态。相应的，国学是否在概念、定位上也在变化呢？

陈：这正是我下面要重点谈的问题：国学的概念可以分几种讲法。从历史上看，根据章太炎等的讲法，国学就是中国固有的学术。这类讲法从晚清到民国初年一直都比较流行。至20世纪90年代张岱年先生写《国学丛书》序的时候，还是讲国学即中国固有的学术，这是流行最广的国学定义。这是第一种讲法。

第二种讲法就是在一般的意义上把国学当作传统文化。"传统文化"的范畴就比较广了，它不仅包括学术形态的文化，而且包括民俗文化，其他各种层次的文化，也都被包括在内。这个概念就比较大。

我现在想强调的是，从晚清以来到20世纪20—30年代，国学很重要的一个定义就是它的第三种讲法，即国学是一个研究体系，或者一个学术体系。这个学术体系不是一个过去的体系，如孔子讲的、朱熹讲的体系，而是我们现在研究的体系。毛子水在1919年写的《国故和科学的精神》里面讲："国故，就是中国古代的学术思想和中国民族过去的历史。""我们现在研究古人的学术思想，这个学问叫国故学。"胡适就加了一句，说"国故学"的缩写、简称就是"国学"。就"国学"这一语词的历史来讲，胡适的说法并不对。不是先有"国故学"流行，然后大家缩写、简称，才有了"国学"，语词的历史并不是这样的。但是胡适的这一个说法表明国学有第三种讲法，即国学是研究过去的历史文化的学问。

所谓研究过去的历史文化的学问，不是指古人对过去的研究，而特别是指近代以来我们对过去历史文化的研究。这样的国学概念就是一个学问体系的概念。我们所谓学科的概念和"国学"的第三种讲法也是连在一起的。后来很多人都这样认为，比如顾颉刚，他认为国学就是用科学的方法去研究中国历史。这就是说，国学就是现代人研究古代中国历史材料的一个系统，这是把国学当作一个研究的系统。这样的用法在当时是很多的，比如说黄侃。当时周作人很赞赏黄侃，说"他的国学是数一数二的"，这句话里头的"国学"不是指传统文化、学术，而是指对它的研究。按顾颉刚所讲，国学是科学的一部分，是用科学的方法去研究中国历史的材料。林语堂也曾说："科学的国学是我们治学的目标"。他们所说的国学也不是就它的对象来讲的，而是就一个研究学问的体系来讲的。

梁：这些国学概念有一个相似的结构：主体是今人，对象是过去的东西，即过去的历史文化。国学就是在今人和过去的历史文化之间形成的一种学术研究的关系。它强调的是研究者立足于当下，在借鉴西方先进的科学方法的基础上，去研究过去的东西。

陈：毛子水在 20 世纪 30 年代回顾这段历史，他表扬胡适所写的《发刊宣言》，认为民国十二年 (1923 年) 以后，国内的国学之所以有一点成绩，与胡适的这篇文章有一定关系。他所说的"国内的国学之所以有成绩"这句话中的"国学"，不是指作为对象的国学，而是指国学的研究体系。另外，就外延来讲，国学已经开始作为一个学科的意义出现。在北大成立国学研究所的时候，已经开始招研究生了，针对这个学科当时有个规定——"凡研究中国文学、历史、哲学之一种专门知识者属之"。这是国学的范围，即不仅仅指文学、历史或哲学，而只要研究其中一种，就属于国学的范围。

梁：这种分析对于我们准确把握近代以来国学概念的变化很有启发性。

陈：研究体系意义上的国学，在近代 (从晚清到清华大学国学院成立) 的演进也可以分为三个阶段：第一阶段延续了清代的考据学、训诂学，这是一个重要特色。另外，又加入了一些近代的意识。按照古人的观点，经学是最重要的，但到了晚清，章太炎、刘师培等人的国学研究已经具有了近代意识，不突出"经"，而比较强调"子"，并且在"子"中对孔子有所批评。第二阶段强调科学方法，并出现了疑古思潮，这当然都跟北京大学有关。胡适特别强调科学方法,在新文化运动的影响下,很多人比如毛子水等也非常重视科学方法。除了科学的方法之外,疑古的思潮是这一阶段的国学研究(特别是胡适、顾颉刚等的研究)的一个特点。疑古思潮与当时新文化运动对传统的批判、怀疑有关。人们对许多中国古史的史料提出质疑,这种质疑也开拓出许多新的研究领域,促进了史学的发展。

梁:您说得很对。其实疑古思潮也是整理国故的一种方式,是对过去文献的一种新的解释,只是在学术倾向上有一种强烈的批判和怀疑的态度。

陈:考证学、训诂学加上近代意识,例如《国故论衡》等已经带有新的特色了,而科学思潮加上疑古思潮使第二阶段比第一阶段更进了一步。这一阶段强调科学思潮、疑古思潮,同时也强调整理古代文化,所以说其形态也已经有了新的发展。

梁:这种"新"是不是说从他们的学问里能感受到"他者"的存在,即以西学作为参照系?另外,就是站在今天的立场上重新解读传统?

陈:是。在章太炎那个时代,除了考据学、训诂学加近代意识,虽然其中也有一些西方的东西,但那些西方的东西更多的是属于"革命"的范畴。因为革命,所以把经学、孔子的地位拉低,而不是突出学术。但是到了科学、疑古这一阶段,它是配合了对科学和民主的呼唤,在文化意义上西方是作为对立面出现的。

梁:那么第三阶段呢?

陈:第三阶段就是以清华国学研究院为突出代表的。借用一个较有争议的概念来讲，这一阶段是汉学化的国学。汉学化的国学是什么意思呢？就是世界化的，就是跟世界学术的研究接轨、合流的一个新的国学研究阶段。例如王国维所实践、由陈寅恪提出并为大家熟知的"把地下的实物和纸上的遗文互相释证""外来的观念和固有的材料相互参证""异国的故书和吾国的古籍相互补正"三种方法，这些方法可以说都是与当时法国和日本的汉学（中国学）的研究方法是一致的。清华国学院不仅在宗旨，而且在实践上都强调，如何利用东方的古语言学、比较语言学来研究中国文化。当时的欧洲人和日本人都用了这种方法对中国古代的学问做了很新的研究。以清华国学院为代表的世界化的国学是对新的国学研究的进一步发展，可以说，它真正落实了新国学运动。在第二阶段所讲的科学方法和疑古更多的是观念上的，而没有落实到学术实践上。

梁：就是说在研究的方法上、精神上以及取向上为第三阶段做了准备。

陈：是的。第三阶段的发展还得益于这一阶段清华国学院的核心教授，如王国维等人，是世界公认的、最好的国学研究者。这就涉及到我接下来要讲的国学大家的问题。北京大学国学研究所成立于1922年，当时是沈兼士做主任，基本上是以章太炎先生的门人为主体。太炎门人比起太炎，有他们进步的一面，比如对白话文运动的推广，对民俗文化的重视，这都是能够与新文化运动合流的。但总体来讲，他们的国学研究的方法深受章太炎的治学方法的影响，所以说，他们的视野还没有放开，也不像第三阶段那样引进了新的东西。举一个例子，章太炎反对甲骨文研究，而王国维则是从甲骨文研究起家的。这就可以看出，像章太炎那样研究国学在 20 世纪 20 年代已经落伍了。

梁：就是说，没有以"他者"作为参照系、没有以现在的时代为坐标的学问，必然要让位给能以"他者"为参照系、强调科学方法的新的国学研究。

陈：就是这样。北大当时整个文科都是章太炎的门人"主掌"的，可是今天想起来，他们中有哪一位是特别重要的呢？在学术上有特别贡献的呢？沈兼士等显然和王国维、陈寅恪等人是不能相比的。

梁：我注意到了，您所说的重要，不是指老百姓知不知道。实际上这些人在老百姓当中的知名度也的确不如王国维、陈寅恪等。您刚才说的重要是指在学术上的重要性。

陈：从近代学术史上来看，他们的成就也是不如王国维、陈寅恪。

梁：所以从这一点来看，也反映了学术转型。

陈：太炎门人的学术虽然已经是近代学术了，但是步子迈得还不够快。因为这个时候欧洲和日本的汉学研究已经很厉害了。其实胡适等人已经看到这一点，对此很感慨，像陈垣等人都非常着急。

梁：清华四大导师也应该看到了。

陈：那当然，因为清华四大导师本身，比如王国维，已经跻身世界一流的研究者行列，这是当时的人们（比如伯希和）

都承认的。

梁：也就是说和当时的汉学家们有交流。

陈：有交流，而且交流得很多，并受到了世界汉学家们的尊敬。

梁：那交流的方式是什么？

陈：一方面，罗振玉和王国维等人到日本去，把甲骨文也带到日本，一起进行研究；另一面，王国维等人跟伯希和等人也见了面，那时候跟欧洲和日本的学者之间的往来还是不少的，桑兵所写的《晚清民国时期的国学研究与西学》中这方面的内容提到了很多。

# 三

梁：如果用今天的标准来衡量，陈寅恪初到清华的时候，还没有什么学术成果，有的只是新的学术视野、方法和观念。

陈：他的视野、方法和观念跟王国维是一致的。所以，他跟王国维之间是能够交心的。

梁：陈寅恪是带着新的视野、方法和观念踏进清华大门的。

陈：对。所以到 20 世纪 30 年代，只有陈寅恪能够代替王国维的角色，成为世界汉学、国际中国学认可的最高水平的新国学研究者。所以说，虽然他的成果后出，但他的路子，始终是跟世界上的中国学研究、汉学研究连接在一起的。所以说，他始终具有开放的研究视野，不排斥汉学，也不排斥外国人的研究，不自说自话，而是要在与整个世界学术的联系中建立起中国学术的地位，这样的国学研究才能够真正达到理想的水平。

梁：今天来看，这种学术态度也是值得提倡的。

陈：除此之外，文化观也很重要。新文化运动时期的主要倾向是批判传统文化、反传统文化，这在当时虽然有它的必要性，但是在学术上它也有一些影响——人们不能理直气壮地去研究中国文化，研究中国文化没有文化观的支持。整理国故本来是能够取得很多学术成果的运动，可是从一开始就有一些反传统的声音来影响它，比如说，有人认为研究国学虽然不是一点意义也没有，但是意义不大。比如新文化运动的领导人之一陈独秀讲，研究国学、整理国故好像是在大粪里面找香水，而我们现在是要从西方引进香水。

梁：这话忒损了。

陈：胡适本来是赞成整理国故的，因为作为学者，他了解当时汉学发展的情形，知道国学研究应该有大的发展、新的发展，所以他提出整理国故。但是后来他没办法，因为他是新文化运动的一个领袖，于是就说整理国故是为了"打鬼""捉妖"，为了剖析中国社会的文化病象。在这样一种文化观下，不能理直气壮地支持国学研究，我觉得这是一个很重要的问题。如果觉得中国什么都不是，那研究国学干什么呢？而清华国学院的几位导师就没有被这种文化观束缚，比如梁启超是讲中西融合的，王国维、陈寅恪更强调中国文化的重要性，在文化观上他们都是一致的。有一条经验：要有一个文化观作为底气来支持国学研究，重视国学的文化观，再加上运用新的方法，才能真正出成果，这是我们回顾历史得出的结论。

"新国学"这个概念在20世纪20年代已经有了，当时有一个人叫刘复，他在日本留学，他已经认为当时整理国故是"新国学之发生"。新国学当然是指作为一个研究体系已经有新的形态、新的方法。针对这种进步，我们今天在讨论国学的时候也要把新国学的发展过程做一个总结。我觉得清华国学研究院可以说是新国学运动中最后的、有代表性的、开花结果的环节。

梁：这就是说，清华国学院走的是"新国学"的路子。

陈：对。我们研究国学的眼光、方法有新旧，作为研究对象的国学没有所谓新旧。国学研究在近代以来其实已经都是新的了，都不是完全传统的了。从章太炎以及他的门人到清华国学院，国学研究的眼光、方法越来越新，这种新是指在文化意识、方法观念方面国学研究能够结合西方的、世界的中国学术研究潮流。

应该说，清华国学研究院开创了清华文科研究的黄金时代。进入老清华文科辉煌发展的一个新的阶段，并形成了示范效应。1929年清华国学研究院停办，这时候清华的人文学得到了系统地发展，办了分科的研究所，不再有笼统的研究院了，而是随系分科。这种分科的研究所在20世纪30—40年代也创造了辉煌。虽然是随系分科，但是人文学的精神，它的学问宗旨，它的文化观，还是秉承了中西融合的路子，还是按照国学院的范例继续走的。其学术也可以看成光大、延续了清华国学研究院的传统。

梁：清华国学院是一个不分科的国学院。到了后来，进入了分科时代，也就是后国学院时代。说到这里，您能否谈谈冯友兰先生和张岱年先生，这二位先生都是您的老师。

陈：冯先生是1928年到清华的，应该说他是赶上了清华国学院的尾巴。当时国民政府任命罗家伦为校长。罗家伦担任校长的第一件事就是宣布"国立清华大学"成立，原来之所以没有"国立"这两个字，是因为清华大学原来是用庚子赔款建立的学校，而罗家伦就是要突出民族意识，所以将其更名为"国立清华大学"。罗家伦做校长，带来了两个人，都是他在美国留学时的同学，其中一个就是冯先生，冯先生做秘书长，所以冯先生赶上了清华还有国学院的时代。当然冯先生并没有参加国学院的工作，因为在清华国学院的后期已经是以陈寅恪为主。就冯先生的研究来讲，应该也是与此相契合的。王国维有一个方法，陈寅恪将其总结为"外来观念与固有材料相参照"，而冯先生的哲学史应该说是将外来观念与我们的固有材料结合起来进行分析的，从方法上来讲是一致的。冯先生后来讲，从信古、疑古到释古，清华所处的是释古的阶段，冯先生也把自己放在释古派里面，这说明他也把自己放在后国学院的时代中，即他不是疑古的，而是释古的。释古怎么个释法？就是陈寅恪总结王国维的方法，并提出释古即相互参证、释证、补正。冯先生的讲法其实主要是根据清华的经验，他自己也认为他的哲学史采取了释古的方法，比疑古的方法更进了一步，这个方法其实就是从国学院到后国学院时代整个清华研究的方法。

梁：释古、疑古、信古这三个阶段是冯先生提出来的吗？

陈：是的。冯先生到欧洲开会，介绍中国史学研究的最新发展时，就介绍了这三个阶段。当然今人也有不同的解读、不同的看法，这个没关系。我想冯先生所讲的确实有他的道理，因为他是20世纪30年代后国学时代清华人文研究的主要代表之一。

至于张岱年先生，他是1933年来清华的。就张先生的哲学思想来讲，他不是与清华传统没有直接的关系，而是与张申府先生一脉相承的。张申府先生在后国学院时代也是在清华哲学系教书。张先生吸收了很多马克思主义哲学的新观点，但是就文化观来讲，张先生提出的"综合创新""创造的综合"，是合乎清华传统的。他不像新文化运动开始时的一些学者那样一边倒，以批判为主调，对中国文化不能说好话，只能说坏话，而是强调综合，在综合中还要有创造，这与整个清华国学院的文化观是一致的。

# 四

陈：最后我要讲我们新的清华大学国学研究院。我们是要总结历史经验，继承老的清华国学研究院的新国学研究精神和方法。同时，我们今天还要再往前走一步，时代毕竟不一样了，现在是一个中国崛起的时代。

梁：这是一条由清华前辈开辟的"新国学"之路。沿着这条路接着走下去，这是今天我们做出的选择。

陈：今天我们学术的积累跟 20 世纪初有很大的不同，是改革开放以来，我们国家的人文学术研究，特别是对中国历史文化的研究有了长足的进步。毛主席曾说："中国应当对于人类有较大的贡献"。现在我们就面临这么一个新的时代。清华国学院的宗旨是继承老的清华国学院的传统，并进一步发展国学。为什么要叫"国学研究院"？国学研究院当然是继承清华的老品牌，是它精神上的延续；此外，我们用"国学"二字就是要突出民族文化的主体意识，即文化的主体性。外国人研究汉学没有我们中国人这样的主体意识，甚至可以说，西方的汉学是西方学术的一部分。

梁：这是在强调中国文化的主体性建构。

陈：我们新的清华国学院的志向和宗旨是什么呢？八个字——"中国主体，世界眼光"。"中国主体"是要突出中国人研究、理解的主体性，要突出我们中国人对中国文化、历史的理解，要理直气壮地突出我们自己对民族文化的理解和研究方法。我想，这个时代应该是慢慢到来了。但是，中国主体不是一个孤立的主体，我们不是排外的、拒绝外部世界的、封闭的。"世界眼光"是我们从老清华国学院继承的观点。这个眼光让我们不仅向世界汉学开放，而且也向世界学术开放。我们今天研究中国文化不仅要吸收汉学的研究成果，达到汉学的水平，而且要吸收西方一流的哲学、历史、文学等的营养。我们要做出更好的研究成果，领导世界的潮流。我们要使我们自己不仅与世界合流,而且成为主流。我觉得这是新时代中国国学研究的志向、宗旨。

梁:新国学在今天新就新在坚持世界眼光,用他者作参照系;同时有所不同的是,有新的时代感,即中国人的主体意识。"中国主体,世界眼光"这八个字,是对清华前辈留下的丰厚的精神遗产的一种解读,也是未来自己发展的目标。那么,您如何落实这些东西?比如建制、研究方向、研究人员、教与学的关系,在这些环节上怎么落实?

陈:体制还要再摸索。现在我们是采用国内比较流行的研究院体制,主要不是作为教学实体,而是打造一流的研究平台,人员是流动聘任,大概是这样。用清华的讲法,国学院算是一个"体制内的特区"吧,但是具体如何做,还要再摸索。

梁:在研究方向上有什么重点?

陈:还是文、史、哲吧。刚开始我们还是要总结经验、发扬传统,我们近期的课题是要总结老的清华国学院的历史,先把这个工作做好。前人做了不少工作,我们现在要进一步做一些工作。清华国学院有七十个毕业生,有好几十个都是大家,比如王力、陆侃如、姜亮夫,但很多人的资料都没有很好地收集,我们现在要收集他们的资料、他们的手稿,把所有清华国学院毕业生的资料每人编一本书,合起来叫《清华国学文存》。这一类的工作是我们的第一步,以后再主要陆续按照文、史、哲三个大方向开展工作。

梁:重点的学科建设是什么?比如人大国学院有"西域学"。

陈:边疆民族史我们也不能忽视。我们新办了一个杂志叫《清华元史》，我们的核心教授中有专门研究蒙元历史的学者，因为王国维在清华的时候主要做的是边疆民族史，这样的学科本身也是一个世界化的学科。

梁：但是您的研究重点是宋明儒学。

陈：我们也会比较注重哲学思想的研究，比较注重哲学思想对中国文化研究的整体把握，但是也不会将其变为单一的哲学研究。

梁：在体制上，和老的清华国学院比，新清华国学院的不同之处是什么？

陈：老的清华国学院是以招研究生为主，这与新清华国学院是很不一样的。但今天的体制要求我们不能再按这个方向走，因为今天都是分科、系、院招研究生，有研究生院。在体制上我们要创新，力求新的方向，探索怎样在研究平台的建设方面多发挥一些作用。我们核心教授的教学都是在系里，比如我在哲学系既教书，又带学生，打个比方，新清华国学院有点像基地一样。

2009 年

# 文化传承

——以传统应对当今时代的紧迫问题

## 文化传承要适应当代社会文化的需求

陈来（以下简称陈）：当下中国的语境比起古代已经有很大的变化，但是中华文化连续传承、发展的历史并没有因此而改变。今天中华文化的发展，或者现代中国文化的发展，其重要的一个方面是以传承、弘扬中华文化传统为基础的。

今天，面对经典，一方面，要加强文化传承的自觉，使经典的传习纳入国民教育体系中，成为涵养人格素质的源泉；另一方面，我们必须重视典籍文本的开放性和解释者的创造性，古为今用、推陈出新。

历史传承的文本在每一时代都面临新的问题、新的理解，而不断需要更新其意义。当代的文化继承，不能停留在文本的训诂层次，而是使文本积极地向新时代开放，把文本的思想和我们自己的思想融合在一起，并融合过去与现在的视界。当代的文化传承，不是把古代文本的意义视作固定的、单一的，而是使今人与历史文本进行创造性对话，对典籍文本作创造性诠释。要对传统文本的普遍性内涵进行新的诠释和改造，以适应当代社会文化的需求。

安乐哲（以下简称安）：中西文化之间存在的不对称关系旷日持久，而且贻害颇深。今天，当我们走进一家中国的书店或图书馆，能找到各种关于西方文化的书籍，翻译质量也都很高。年轻、充满求知欲的中国读者群，则是推动这种书籍出版的持久动力。但当我们走进一家西方的书店或者图书馆，却会发现，无论是古代的，还是当代的，中国最杰出的思想家的书都一概找不到。更让人尴尬的是，对于这种情况，竟然没有要求解决这种不对称文化关系的呼声，而且介绍中国文化的书，也没有市场需求。为什么会出现这样的情况？

早年间，中国传统的经典的英文翻译是由传教士们做的，他们以基督教的眼光，将这些经典文本转化为一种二流基督教祷文性的东西。走进西方的书店或者图书馆，《易经》《论语》《道德经》《庄子》这些涉及中国根本思想的哲学、文化著作，是摆放在供人猎奇的"东方宗教"一类的书架上的，而不是摆放在令人肃然起敬的"哲学"类书架上的。走进西方国家的最高学府，中国哲学一般不是归属在"宗教学"，就是在"亚洲学"，哲学系肯定是不教中国哲学的。如果用青铜礼器"觚"来转喻中国哲学和文化的这种情况，《论语》中这句"觚不觚，觚哉！觚哉！"非常恰当。

另外，19世纪中期之后，欧美教育体制，包括大学、学院及其课程，被大量引进中国、日本、韩国和越南等东亚国家。"现代性"语言被移植到白话文中，促进了亚洲文化对自己传统的"理论化"，贯穿其中的大致是西方的概念结构。同时，西方和东亚文化都出现这样一种情形，随着文化上的"自我殖民"，"现代化"被简单等同于"西方化"，并以儒家文化"陈旧保守""僵化教条"为理由，把儒家文化关在门外。

　　这是我们所处的历史环境，也是我们行动的起点。当今世界的经济和政治秩序已发生空前的、格局性的变化，是不是也将有一个随之变动的世界文化秩序？儒家哲学的价值内涵及教育制度对新的世界文化秩序的建立具有推动作用，这可谓重大利好，可我们怎样才能克服人们对儒学的误解呢？我们怎样对中国和西方公众去讲述从儒学经典中产生出的重要概念呢？我们怎样书写对当今时代的评价，把一个具有批判力、与时俱进、温故知新的儒学贡献给世界，并用它应对当今时代面临的紧迫问题？我们该怎样应对把儒学文化全盘抛弃、把"现代化"等同于"西方化"的挑战？中国古代的哲理，可以在哪些具体方面推动一个变动的世界形成文化秩序？中国的智慧是一种交互相融的文化流动形态，中华文化的传统是将本来的竞争热度转化为浑然一体的熔炉，外来佛学被内化为中国本土的佛家思想。中华文化以人为中心，没有以神为中心的宗教性。中华文化的传统不同于亚伯拉罕诸教<sup>①</sup>那种猝然推向战争与冲突的传统。中华文化的传统是一种基于伦理角色"适宜度"的家国情怀，并以此服务于社会与政治秩序，是对法治的必要补充。中国传统的治国理念要求治国理政之人要受过良好的教育，并有良好的人格修养。中国人的文化传统是注重儒家角色（身份）的，它根植于对家国关系之珍重，讲究共赢，而不是共损。中国人的文化传统不是自由或个人主义意识形态，也不推崇分裂性的、制造紧张不和的、"你输我赢"的模式。

## 经典核心价值的当代意义是协和精神

陈：我觉得向西方传播中国文化经典，从原则上讲应该是全方位的。我认为中华文明中的核心经典，比如四书五经，它仍支配着中华民族的伦理生活和信仰。为什么说四书五经最能代表文明的特色，因为大家认为轴心时代产生的经典最具代表性。我们要向西方全面介绍中国人的文化传统，而不该局限于经典，应该涉及方方面面。比如，一部《诗经》，确实不能反映全部的文学系统，文明的各个组成部分都有各自的内容，唐诗宋词也是经典的一部分。

中国人很早就讲"和同之辨"，今天文化、文明的冲突，包括政治、军事的冲突，不断升级，我们还是要重拾古人的智慧，

---

① 亚伯拉罕诸教：是指世界三个有共同源头的宗教。在基督教、伊斯兰教和犹太教中，都给予《旧约圣经》中的亚伯拉罕以崇高的地位。——编注

真正领会并实现"和而不同"的价值观。思维方式与价值观是密切相连的，有些国家不接受和而不同的价值观，只看到输赢，不相信共赢共享。其实，和谐精神才是最有价值的精神。

安：我们会把"和"翻译成 harmony，但这是不够的。"礼之用，和为贵"，其中的"和"意味着最大化，即我们在人群中能够得到最多。"和"也可以用于中国食物，我们在做菜时使用许多材料，让许多味道融合在一起。文化也是一样，它是一个有生命的概念。

陈：文化转型最基本的就是语言的转型。五四之后，语言体系和古代有所不同，我们的学术语言、文化语言，作为我们基本的表达方式，已经转型了。现在我们不可能不用现代汉语表达对世界、对自然的认识。表达方式上的转型会不会产生误读，怎么消除这种误读？我承认用现代汉语去翻译古代经典，是很不容易的，会存在很多差错。随着我们对古代语言与现代汉语的深度把握，这两种语言的差距会缩小，通过提高语言功力可以解决上述问题。我们在理论上可以做到，实践中要不断探索。文化传承发展对中国人本身也是一项艰巨的任务，不是经典翻译到西方才存在问题。

五四以来，批判中国传统文化的人，有学者，也有政治人物。我们也会对传统文化加以选择，找出适合当下的精华。在古代文化中，轻视妇女是糟粕，也不被当今社会认可。弘扬优秀传统文化本身没有问题，但弘扬中国文化不能简单化，要考虑有没有糟粕、局限性，说法必须严密。

安：19世纪，中西文化处在激荡之中。西方文化对中国文化的发展产生过巨大冲突。中国文化要弘扬，关键是中国文化该如何定义，这也是对人性和道德的思考，是很有意义的。非常奇妙的是，我们可以在日常生活中融入传统文化，当然传统文化与当下社会的整体文化是不同的。

## 传统是重建价值观的重要资源

陈：在多数知识分子看来，"现代化"主要是一个经济功能性的概念。事实上，"中国文化与现代化"，或"中国文化传统与现代化"是一个在范围上远远超过经济发展问题的课题，这是因为"现代化"具有丰富的文化内涵。现代生活中仍有传统，也不可能离开传统。现代人仍需要在终极关怀、价值理想、人生意义、社会交往方面汲取传统的智慧，因此继承、弘扬传统文化价值体系仍具有十分重要的意义。

我们在支持现代市场经济发展和推进其理性化的同时，还需从一个更高的角度来思考中华文化传统与中国现代化发展之间的关系，即发达的、现代的市场经济与商业化趋势更凸显出道德规范和精神文明的价值，继承、弘扬传统价值体系将对建设有中国特色的社会主义发挥积极的作用。一切传统都与现代化有冲突的一面，都必然对现代化发展中的物欲横流、价值解体、人性异化、人际疏离、文化商业化等消极因素持批判态度。在现代社会，传统是我们引导现实的方向、重建价值观的重要资源。

在现代化市场经济发展的同时，社会道德秩序和个人安身立命的问题日益突出。与其他外来文化和宗教相比，中华传统文化提供的生活规范、德行价值及文化归属感，发挥着其他文化要素所不能替代的作用。中华传统文化在稳定社会心态、塑造向上精神、促进社会和谐等方面发挥了积极作用，为身处市场经济中的中国人提供了重要的精神资源。中华优秀传统文化是社会主义核心价值观的基础和源泉，这已经成为人们的共识。

安：置身于全球化之中，我们显然无法忽视中国的重要性。我们正在经历一个经济、政治都发生了巨大变革的时代，中国已经成为重要的国际力量。随着中国在经济领域发生翻天覆地的变化，中国人对待传统文化的态度也在改变，所以这是时代赐予的儒学复兴的宝贵机遇。在这样的背景下，也对西方汉学家提出了更高的要求。

面对全世界人类共同的生存困境，我们当然不会把儒家思想作为解决问题的唯一方案，但是儒家思想至少应该有一个位置，应该发出自己的声音，应该参与到东西方对话中去。因此，我们现在迫切要做的是运用人类所有的文化资源来解决当前的生存困境。人类社会是一个整体，所有重要的文化传统都应和谐发展，这样人们才能共同面对未来。

2017 年

# 让西方回到西方

世界哲学家大会即将于 2018 年 8 月在北京举行，以此为契机，华东师范大学哲学系教授方旭东对清华大学哲学系教授、国学研究院院长、当代中国极具代表性的儒家学者陈来进行了一次采访。

## 应当把哲学看成一种文化

方旭东：您作为当代有代表性的中国哲学家，我想听听您对哲学，尤其是西方哲学的意见。这可能是包括我在内的很多从事中国哲学研究的人所感兴趣的。第一个问题是：您是怎样理解哲学的？或者说，您的哲学观是什么？

陈来："哲学"一词是西方文化在近代大量引进后，日本学者由 Philosophy 一词翻译而来，也是被国人所接受的。其实，中国近代文化发展的总趋向就是，以西方学术的分类为标准，并全盘接受。通过确立哲学、文学、史学、法学、政治学等学科概念，来建立中国近代化的学术体系。国人很自然地就接受了西方的观念——认为哲学包含三大部分，即宇宙论、人生论、知识论。三大部分中还可细分，如宇宙论可分为两部分：一为本体论，研究"存在"之本体及"真实"之要素；一为宇宙论，研究世界之发生、历史及其归宿。人生论亦有两部分：一为心理学，一为伦理学。知识论也可分为两部分：一为知识论，一为逻辑学。然而，稍加研究，就会发现：中国古代学术体系的分类中，并没有一个与西方所谓哲学完全相同、独立的系统。

冯友兰先生提出，西方所谓"哲学"与中国所谓"义理之学"约略相当。中国古代"义理之学"中的确有一些理念约略相当于西方哲学的宇宙论、人生论。但正如冯先生已经注意到的，中国古代"义理之学"的某些部分并非西方"哲学"的内容所能对应，比如中国古人特别重视的"为学之方"。所以，张岱年先生主张，应当将哲学看作一个类称，而非专指西洋哲学。顺着张先生的思路，我认为，应当把哲学看成文化。换言之，"哲学"是一共相，是一个"家族相似"①的概念，是世界各民族对宇宙人生的理论思考之总名。在此意义上，西方哲学只是哲学的一个殊相、一个例子，而不是哲学的标准。因此，哲学一词不应当是西方传统的、特殊意义上的东西，而应当是世界多元文化中的一个富于包容性的普遍概念。

---

① 维特根斯坦在传统范畴理基础上提出了家族的相似性理论（Family Resemblance），"家庭相似"，即一个成员与其他成员至少有一个或多个共同属性。——编注

中国古代的"义理之学"是中国古代哲人思考宇宙、人生、人心的理论化体系，而其中所讨论的问题与西方哲学所讨论的问题并不相同。在宋明理学中，反复讨论的"已发与未发""四端与七情""本体与工夫"，甚至"良知与致知"等，都是与西洋哲学不同的问题。这就是说，中国与西方，虽然都有对宇宙、人生的理论化的思考体系，但用以构成各自体系的问题并不相同。中国学术界并未就东西方哲学史是否有共同的问题进行深入讨论，更遑论取得共识。西方哲学界长期以来拒绝把中国哲学作为哲学，而只是作为思想或宗教来研究，就是因为他们认定中国哲学并没有讨论西方哲学中的问题。这种偏见由来已久，比如黑格尔就对孔子的哲学家地位充满疑虑。如果以有没有讨论西方哲学中的问题作为标准，恐怕一大部分中国古代哲人都无缘进入哲学家行列，这显然是荒唐的。以西方哲学的问题作为"哲学"问题，而判定非西方文化是否有哲学，实质上是西方文化中心主义的表现。今天，非西方的哲学家的重要工作之一，就是要发展一种广义的"哲学"观念，并在世界范围内推广，解构在"哲学"这一概念理解上的西方中心立场，才能真正促进跨文化的哲学对话，发展21世纪的人类哲学智慧。

## 即哲学史而为哲学

方旭东：您提出的"应当把哲学看成文化"这种哲学观，给我很大启发。因为以前老是有西方哲学的从业者对我们的工作指手画脚，说我们从事的不是哲学研究。还有一个相关问题，那就是哲学如何做的问题。长久以来，我们习见的西方哲学家研究哲学的方式，似乎都非常强调论证，分析哲学家更是将这一点发挥到淋漓尽致的地步。可是，我们中国古代哲学家并不是这种做法，像朱子或阳明，更多的是就经典做某种创造性的诠释。那么，今天我们做哲学，是否还可以延续中国古代哲学家的做法？

陈来：哲学写作有多种形式，分析哲学派强调论证。其实，论证也有不同的形式。哲学写作上的论证不可能跟几何证明一样具有科学的性质。因此，哲学写作上的论证不过是一种论述的形式，一种希望获得或取得说服力的形式，尤其是在分析传统占主导的英美哲学世界中。哲学家性格不同，具体写作的目标不同，论述采取的策略也自然不同。曾有朋友称，我的写作比较接近麦金太尔，即多采取历史叙述的写法。我觉得他的讲法不错，我的写作个性的确是如此，《仁学本体论》就是一个例子。此种方式，即唐君毅所说的"即哲学史而为哲学"。

其实，哲学论述当中采取历史叙述的写法，在哲学家中间并不少见，海德格尔的《存在与时间》就用大量篇幅论述古语言学、词源学的讨论。不仅德语世界的哲学不都采取逻辑分析或逻辑论证的方式，英语世界的哲学也并非千篇一律地使用逻辑分析，例如查尔斯·泰勒的特色之一就是以观念史的追溯分析为框架而非采用逻辑分析的范式，更早则有怀特海的《过程与实在》，其第二编完全是对从洛克到康德、牛顿的回顾和分析。《哲学百年》的作者巴斯摩尔曾经指出，怀特海和亚历山大使用了同样的哲学方法，两者都不进行论证，哪怕是论证这个词的任何普通意义上的论证。怀特海认为形而上学就是以提纲契领的方式阐述那些倾向。可见，把分析式的论证当成哲学写作的唯一方式是完全不合理的。中国古代哲学家在构建自己的哲学时，都非常重视传承。比如，朱子的哲学就绝不是置北宋儒学发展于不顾而进行原创的。王阳明虽然反对朱子的哲学立场，但其讨论皆是接着朱子而来，自觉回应朱子的。王阳明的哲学框架多来自朱子，其中的许多观念也来自朱子，如"身之主宰便是心，心之所发便是意"等。其哲学思想是在接续和回应前人的讨论中得以建立，而不是孤明独发。怀特海最早提出综合创新说（creative synthesis），而哲学的创造性综合，不仅是作为不同理论的、平面的综合，而且是重视哲学历史维度的综合。在这方面，黑格尔和冯友兰都是好的例子。当然，哲学写作和论述策略的选择，还跟具体的写作目标有关，不能一概而论。完全照搬中国古代哲学家的写作方式，在今天可能并不合适。但是，中国古代哲学家重视诠释、传承，表现在行文中就会有大量的历史叙述，这种做法并没有过时。刚才说的麦金太尔是当代西方的哲学家，他的名著《追寻美德》（*After Virtue*）就大量采用了历史叙述的方法，在历史叙述中进行分析。

## 哲学诠释学：创造的传承与创造的诠释

  方旭东："即哲学史而为哲学"，这个概括很精辟。不管承认不承认，很多人心目中的哲学理想类型就是西方哲学。现在看来，其实不过是某种西方哲学而已。刚才您谈到了诠释问题，我想就顺此话头请您谈谈对于诠释学的看法。

陈来：根据现有的研究，诠释学可以分为两种形态：一种是文本探究的诠释学；另一种是文本应用的诠释学。文本探究型诠释学以研究文本的原始意义为根本任务。这种诠释学认为，由于时间的距离和语言的差别，过去文本的意义对我们而言变得陌生了。因此，我们需要把陌生的文本语言转换成我们现在的语言；把陌生的意义转换成我们所熟悉的意义，这是语文学上的诠释学的主要模式。而文本应用型诠释学旨在把经典文献中已知的意义应用于我们要解决的具体、现实的问题上。在这种诠释学中，经典的意义是明确的，无需重新加以探究。我们的任务只是把经典的意义应用于现实问题。这两种类型的诠释学，德国学者称之为"独断型诠释学"和"探究型诠释学"，我们则略加变化，名之为"文本应用型诠释学"和"文本探究型诠释学"。谈到诠释学，明白这一基本划分方法是很重要的。

在欧洲历史上，诠释学的早期形态是圣经学，18世纪出现的语文学则试图从语言学和文献学对古典文本进行分析和解释。19世纪施莱尔马赫试图把以往的诠释学综合为"普遍的诠释学"。在施莱尔马赫看来，普遍诠释学的任务不是像圣经学那样使我们去接近上帝的神圣真理，而是发展一种"避免误解的技艺学"，包括语法的解释技术和心理的解释技术，一种有助于避免我们误解文本、他人的讲话、历史事件的方法。如果说圣经学是真理取向的，那么古典学则是历史取向的。中国古代的经学与文献训诂学则属于施莱尔马赫说的"普遍的诠释学"。施莱尔马赫认为，我们应当把理解对象置于它们赖以形成的历史语境中，我们要理解的东西不是作品的真理内容，而是作者的个体生命。只有我们重构了作者的心理状态，才算诠释了作品的文本。所谓重构作者的心理状态，就是努力从思想上、心理上、时间上设身处地地体验作者的原意。施莱尔马赫的这种诠释学可谓文本探究型诠释学的代表。而伽达默尔则不同，他反对把对作品的理解限定为重构作者心理。他强调，要把过去的思想融合在我们自己的思想中。如果说在心理上重构过去的思想，是文本探究型诠释学，那么把过去的思想融合在我们自己的思想中，则是文本应用型诠释学。

古典诠释学致力追求一种客观的解释，把解释的标准视为对作者意图的复制，其解释是唯一性的和绝对性的。而在哲学诠释学看来，不必追求这样一种文本意义上的、狭隘的客观性，因为这样的客观性丢弃了文本意义的开放性和解释者的创造性。比较而言，普遍诠释学的方法适用于史料解读，如思想史、哲学史、文学史的学习都需要以普遍诠释学作为基本的理解、阅读的方法，以掌握作品的、作者的意图，这是重要的史学方法。哲学诠释学适用于对文化传承实践的理解，它所要阐释的，不是一个或一段文本的原始意义，而是一个或一段文本是如何在历史上不断传承、解释、运用的，它的关注点和对思想史史料的把握不是一回事。因此，伽达默尔明确说哲学诠释学不是提供具体的理解方法。对我们而言，哲学诠释学面对的是对作为文化资源的文本的传承、诠释、活用，对于文本必定是放大其一般性，并加以创造性继承和转化，以符合应用实践的需要。思想史上的探究在面对文本的解读时，既需要普遍诠释学来避免误解，确定其具体意义，也需要哲学诠释学来理解其一般意义在历史上发生的变化。而对文化传承问题来讲，则不需要普遍诠释学执着于文本的具体意义，而可以完全集中在哲学诠释学对文本的一般意义的创造性诠释和应用上。哲学诠释学的努力方向表明，"创造的继承"和"创造的诠释"在文化的传承发展中占有核心的地位。这对我们今天理解传统文化的"创造性转化和创新性发展"，应当有参考的价值。

## 多元普遍性

方旭东：您以"仁"去统领自由、平等、公正这三种现代价值。以赛亚·柏林曾经认为，不同价值和谐相处只是一元论的假设，您显然对这种观点提出了挑战。我感觉，您在价值观问题上采取的是一种结构论而非基要论，历史主义而非本质主义的立场。按照结构论，价值差别的要害不是要素的，而是结构的。按照历史主义，价值的这种结构又是历史性的。从方法论上讲，这种立场比起传统的一元价值论无疑更为稳健。甚至西方一部分学者所说的"文明冲突论"，在这种价值观看来也成了伪命题。世界哲学大会不可避免地会遭遇不同文明、不同价值观的碰撞，您的这种价值观、文化观尤其值得介绍。

陈来：在伦理上，从韦伯到帕森斯，都把西方文化看成是普遍主义的，而把东方文化看成是特殊主义的。这意味着，只有西方文化及其价值才具有普遍性，才是可普遍化的，而东方文化及其价值只有特殊性，是不可普遍化的。这实际上就是把东西方价值的关系制造为"普遍主义"和"特殊主义"的对立。然而，在我们看来，东西方精神文明与价值都内在地具有普遍性，这可称为"内在的普遍性"，而内在的普遍性能否得以实现，需要很多的外在的、历史的条件，能实现的则可以称为"实现的普遍性"。事实上，在精神、价值层面，必须承认东西方文明都具有普遍性，都是普遍主义的。只是各文明之间有差别，在不同历史时代实现的程度不同，这就是多元的普遍性。今天，"多元普遍性"的观念值得大力提倡。我们应当了解正义、自由、权利、理性、个性是普遍主义的价值，仁爱、平等、责任、同情、社群也是普遍主义的价值。梁漱溟早期的《东西文化及其哲学》所致力揭示的正是这个道理。

今天，只有建立全球化中的多元普遍性观念，才能使全球所有文化形态都相对化，并使他们平等化。如果说，在全球化的第一阶段，文化的变迁具有西方化的特征，那么在其第二阶段，则可能是使西方回到西方，使西方文化回到与东方文化相同的相对化地位。在此意义上，相对于西方多元主义立场注重的"承认的政治"，在全球化文化关系上我们则强调"承认的文化"，即承认文化的多元普遍性，用这样的原则处理不同文化的关系。

这样的立场自然是世界性的文化多元主义的立场，主张全球文化关系的去中心化和多中心化即世界性的多元文化主义。从哲学上讲，以往的习惯认为普遍性是一元的，多元即意味着特殊性；其实多元并不必然皆为特殊，多元的普遍性是否可能及如何可能，应当成为全球化时代哲学思考的一个课题。回到儒家哲学，在全球化的问题上，已经有学者用理学的"理一分殊"来说明东西方各宗教传统都是普遍真理的特殊表现形态，都各有其价值，又共有一致的可能性，用以促进文明对话，这是很有价值的。我想补充的是，从儒家哲学的角度来看，有三个层面需要阐明，第一是"气一则理一，气万则理万"，气在这里可解释为文明实体（及地方、地区），理即价值体系。每一特殊的文明实体都有自己的价值体系，诸文明实体的价值都是理，都有独特性，也都有普遍性。第二是"和而不同"，全球不同文明、宗教的关系应当是"和"，和不是单一性，和是多样性、多元性、差别性的共存，同是单一性、同质性、一元性，这是目前最理想的全球文化关系。第三是"理一分殊"，在差异中寻求一致，为了人类的共同理想而努力。

## 儒家的实践智慧

方旭东："多元普遍性"是否可以这样理解：它实际上是要求承认不同文化各自价值观的合理性？在中西之间，不存在优劣高下之分，彼此只是多样性的一种？从这样一种观点看，积极发掘中西哲学各自的特色，而不是专注于归纳中西哲学的共性，就成了更有意义的哲学工作？我听说，上届世界哲学大会您作的大会报告的题目就是"儒家的实践智慧"。对于中国之外的哲学家，他们更感兴趣的不是我们跟他们相同的东西，而恰恰是我们跟他们不同的地方。

陈来：你说的不无道理。安排我讲那个题目，的确是跟西方哲学家关心的问题有关。你知道，现代哲学越来越关注"实践智慧"。"实践智慧"这个词与其字面的、直接性意义不同，乃是根源于古希腊哲学，特别是亚里士多德的哲学。现代西方哲学对亚里士多德这一概念的关注主要是因为科技理性对人类生活的宰制，人们试图寻找出一种既非技术制作又非理论智慧的合理性实践概念。在这方面，儒家的实践智慧比起亚里士多德的实践智慧有其特色，也有其优越之处，即毫不犹豫地强调道德的善是人类实践的根本目标，重视人的精神修养和实践功夫。实践智慧的本意是强调德性实践中理智考虑、理性慎思的作用，是应对具体情境的能力。然而，亚里士多德哲学中的"伦理德性"与作为理论德性之一的"实践智慧"之间的关系，往往是不清楚的。实践智慧有时被理解为工具性的方法，这也是近代以来在西方哲学中实践智慧脱离德性而成为聪明算计的一个原因。

儒家的实践智慧则不限于对智、德的提倡与实践，而是包含了丰富的内容。首先，在思辨与实践之间，孔子已经明确表示出了偏重，即重视实践而不重视思辨。在理论与实践之间，更注重发展实践智慧，而不是理论智慧，其原因正是在于儒家始终关注个人的善、社群的善、有益于人类事务的善。整个儒学，包括宋以后的新儒学都始终把首要的关注点置于实践的智慧而不是理论的智慧。其次，儒家的实践智慧始终坚持智慧与德性，智慧与善的一致性。亚里士多德所说的实践智慧是理性在道德实践中的作用，这种理性作用体现于在善的方向上采取恰当的、具体的行为，这是实践智慧作为理性具体运用的特性。在亚里士多德看来，伦理德性要成为行动，离不开实践智慧，故所有行为都是二者结合的产物。儒家所理解的实践智慧既不是技术思维，也不是聪明算计，更不是一种工具性的手段，不属于功利性的原则。明智不是古希腊人所说的只顾自己，而是一种道德实践的智慧。在儒家看来，亚里士多德的德性论是不完整的，他的实践智慧虽然与科学、技术、制作不同，但仍然是一种外向的理智、理性。儒家哲学的实践智慧在这方面更为清楚而有其优越之处。其优越性体现在多方面，其中一个重要的方面是，由于儒家哲学对哲学的了解是实践性的，而这种对实践的了解，不限于认识外在世界、改变外在世界，而更突出认识、改造主观世界。所以，儒家的实践智慧包含着人的自我转化与修养功夫，它追求的是"养成健全的人格"。

2018 年